COMMENT FAIRE LÉVITER DES RAISINS SECS ET 60 EXPÉRIENCES DE SCIENCE AMUSANTE

COMMENT FAIRE LÉVITER DES RAISINS SECS ET 60 EXPÉRIENCES DE SCIENCE AMUSANTE

EDITIONS ESI

Sommaire

Les bougies soufflées

Il y a une multitude de façons d'éteindre une bougie : souffler ou verser de l'eau dessus, etc. Trois éléments sont essentiels pour que la mèche brûle : le comburant qui est le dioxygène, le carburant qui est la cire et la source de chaleur qui peut être l'allumette. Retirez un de ces trois éléments et la flamme s'éteint.

Matériel

- ✓ 3 bougies chauffe-plat
- ✓ Un grand verre
- ✓ Du bicarbonate de sodium
- ✓ Du vinaigre blanc
- ✓ Des allumettes
- ✓ Une table
- ✓ De l'eau

2

Versez dans votre grand verre une cuillère à soupe de bicarbonate de sodium. N'en versez pas trop sinon vous risquez de faire quelques dégâts...

Disposez les trois bougies sur la table, alignées et espacées seulement de quelques centimètres. Vous pouvez à présent les allumer avec une allumette.

Versez la quantité d'un demi-verre de vinaigre blanc sur le bicarbonate de sodium. Immédiatement une effervescence se produit avec de grosses bulles.

À savoir

Le dioxyde de carbone est un gaz inodore, incolore, inerte et non toxique. C'est le principal gaz à effet de serre. Il provient des plantes, des éruptions volcaniques, des incendies, de l'homme… Son taux dans l'atmosphère a augmenté au cours de ces deux derniers siècles, provoquant un réchauffement climatique.

5

Dès que l'effervescence diminue, prenez le verre en main et positionnez-le à 20 cm au-dessus des bougies. Basculez le verre sans verser de liquide.

Résultat

En passant sur chaque flamme, elles s'éteignent une à une ! En fait, la bougie a besoin de dioxygène pour brûler. Quand la réaction chimique se produit entre le bicarbonate et le vinaigre, il y a formation d'un gaz et vous le versez quand vous penchez le verre. Il repousse l'air autour de la flamme, le remplace et la flamme s'éteint. Ce gaz est le dioxyde de carbone.

6

Un tour de magie…

Il y a différentes sortes de sucre : le sucre en poudre, le sucre glace, le sucre perlé… et le sucre en morceaux, cubes ou parallélépipèdes rectangles obtenus en liant les cristaux de sucre avec du sirop. Mais qu'il est difficile de casser en deux ces petits cubes de sucre ! Et il est encore plus difficile de les réduire en poudre…

Matériel

- ✓ Un carré de sucre
- ✓ De l'eau
- ✓ Un marteau

2

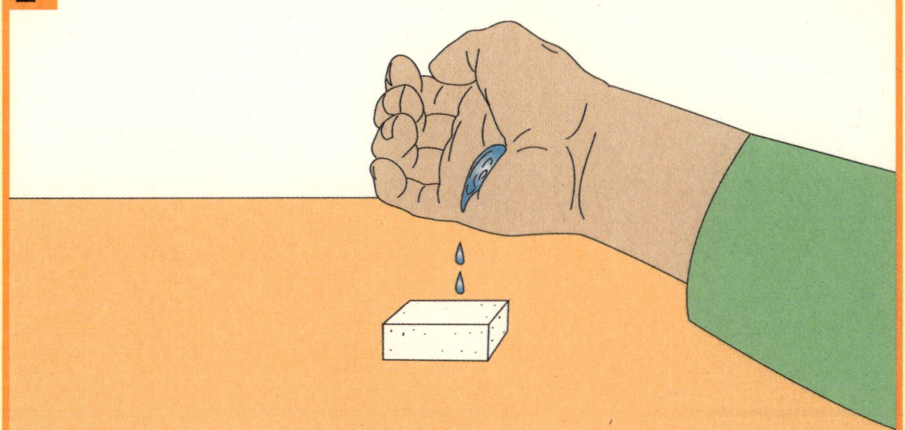

Une méthode efficace pour réduire le morceau de sucre en poudre est d'y verser quelques gouttes d'eau. L'eau est absorbée et le sucre s'effrite facilement.

Deuxième méthode, plus brutale : posez le sucre sur la table et frappez dessus avec le marteau. Vous obtenez du sucre en poudre, mais il y en a partout !

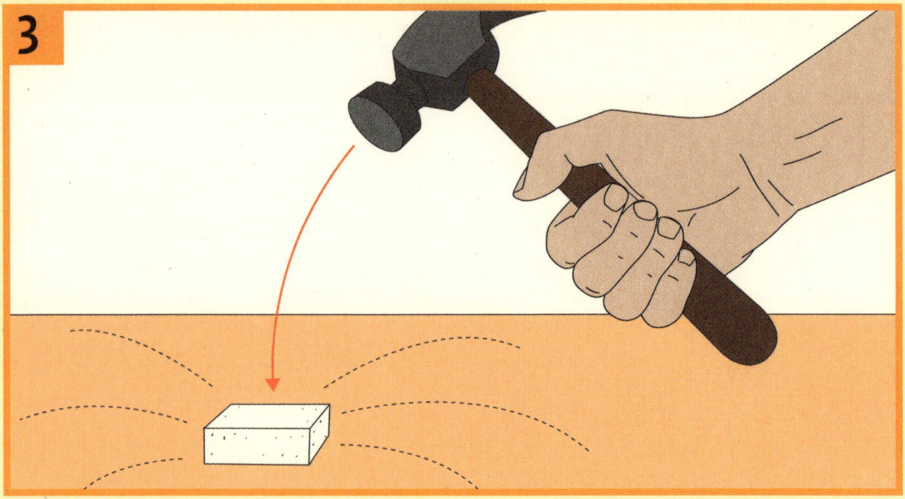

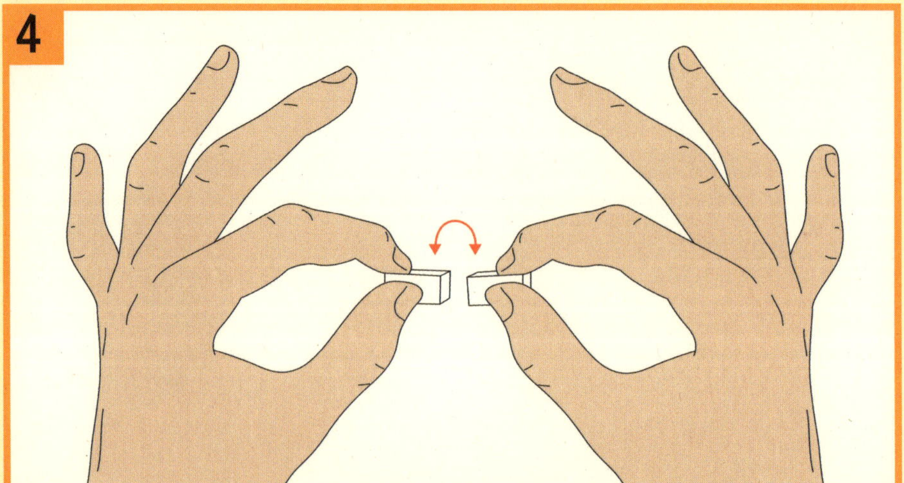

Troisième méthode, ce n'est pas la plus commode : cassez le sucre en deux avec les doigts puis recoupez les morceaux en deux... Vous obtenez peu de poudre.

À savoir

C'est au début du XXe siècle que sont apparus les premiers morceaux de sucre enveloppés, essentiellement par mesure d'hygiène. Ainsi, depuis, on préfère les sucres emballés individuellement pour la consommation dans les restaurants et les cafés. Cet emballage reste une particularité française.

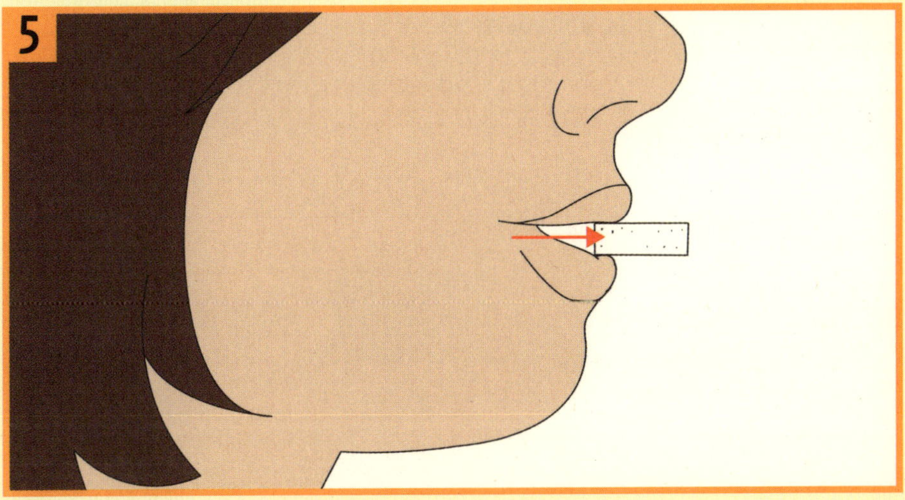

Dernière méthode, la plus efficace : portez le morceau de sucre à vos lèvres sans le mouiller et soufflez le plus fort possible, au moins 4 secondes.

Résultat

Il vous suffit de presser légèrement avec le pouce et l'index sur le morceau de sucre pour qu'il soit réduit en poudre ! C'est impressionnant ! Pourtant vous ne l'avez pas mouillé ni frappé. C'est la pression et la chaleur de votre souffle qui ont réalisé tout le travail. En effet, l'air est passé entre les grains de sucre et a brisé les liaisons entre les cristaux.

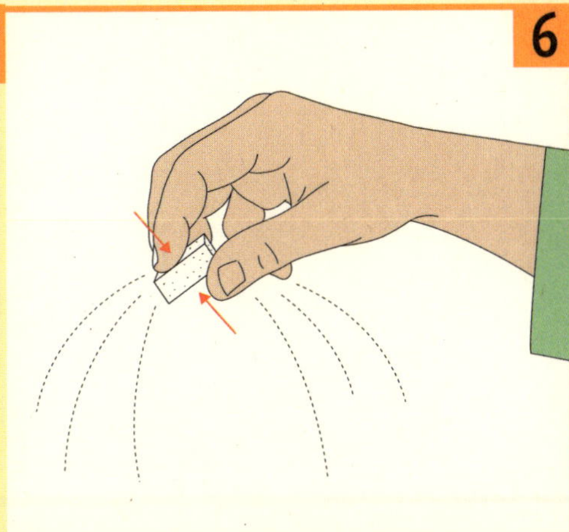

Flotte ou flotte pas ?

Lorsque vous plongez un objet dans l'eau, une seule alternative vous vient à l'esprit : il reste à la surface ou il coule. Ainsi, pour un bouchon de liège, c'est une évidence : il flotte. Mais n'y a t-il pas des cas exceptionnels où l'objet peut rester en suspension comme un sous-marin ou un poisson ?

Matériel

- ✓ Un bouchon en liège
- ✓ Du fil
- ✓ 15 trombones
- ✓ Un couteau
- ✓ Une bouteille en plastique
- ✓ De l'eau
- ✓ Une punaise

2

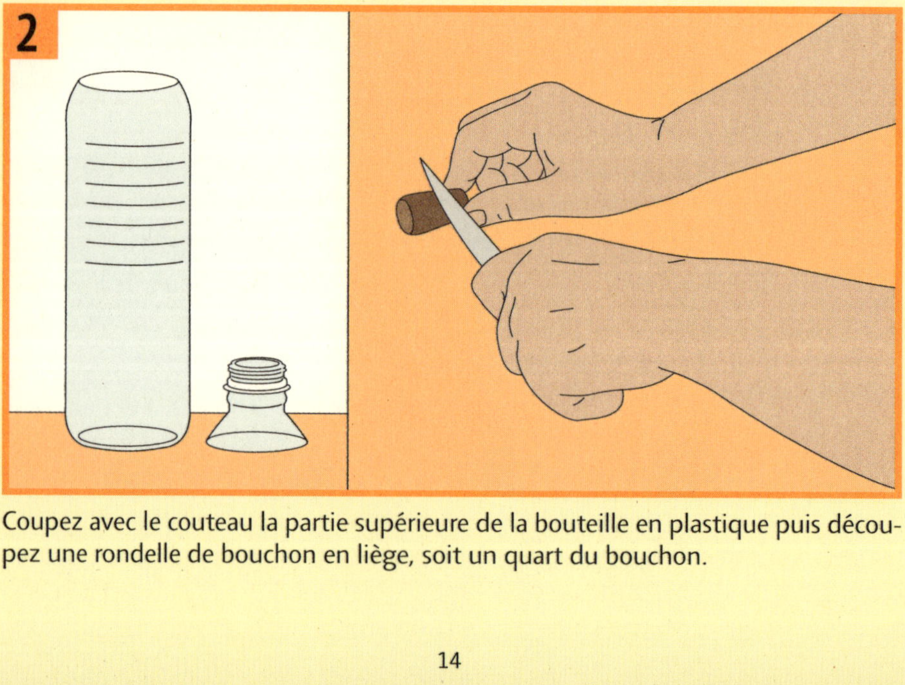

Coupez avec le couteau la partie supérieure de la bouteille en plastique puis découpez une rondelle de bouchon en liège, soit un quart du bouchon.

Coupez 30 cm de ficelle et attachez-y tous les trombones de sorte qu'ils soient régulièrement espacés et qu'ils ne glissent pas sur la ficelle.

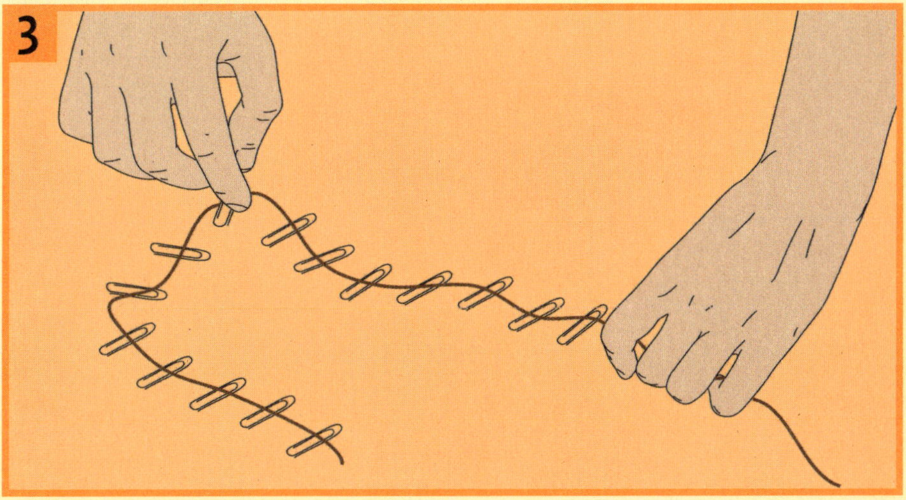

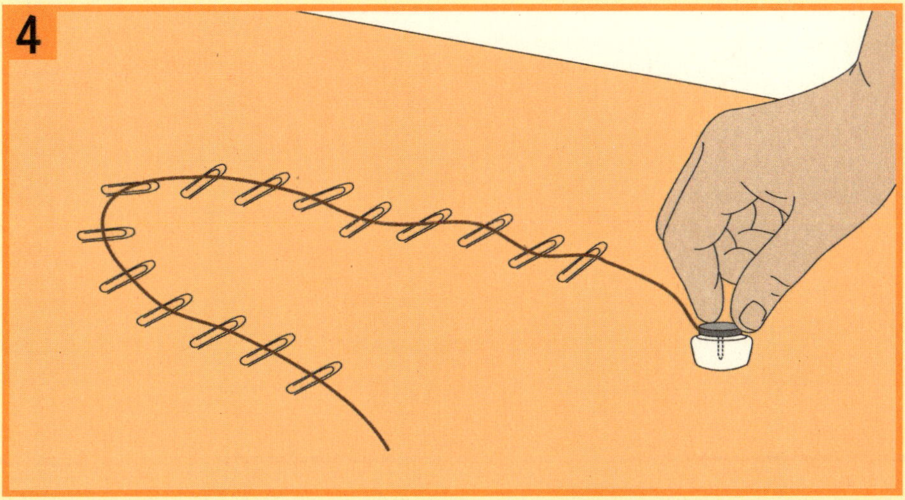

Prenez une extrémité de la ficelle et attachez-la à votre rondelle de bouchon avec la punaise. Introduisez le tout dans la bouteille, bouchon en dernier.

À savoir

Le bouchon, en fait le liège, a une densité inférieure à 1. Cette valeur référence est attribuée à l'eau : si une matière a une densité supérieure à 1 et si vous la plongez dans l'eau, alors elle coule. Au contraire, si elle est inférieure à 1, elle flotte comme le bois et beaucoup d'autres encore.

5

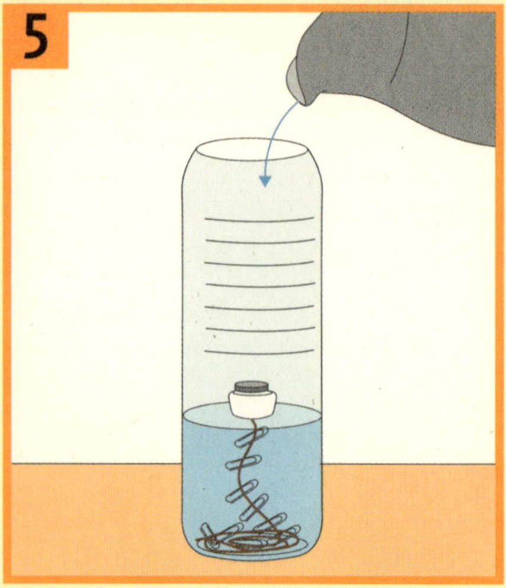

Assurez-vous que les trombones ne se sont pas emmêlés puis versez de l'eau dans la bouteille tout doucement. Au fur et à mesure, le bouchon flotte et monte.

Résultat

Vous continuez de verser de l'eau, le bouchon monte, entraînant un par un les trombones et, à un moment, il reste immergé. Pourquoi ? À chaque trombone supplémentaire s'ajoute sa masse qui augmente le poids et empêche le bouchon de flotter. Ainsi, le bouchon reste immergé. Trombones et bouchon sont à l'équilibre : le poids compense la poussée d'Archimède.

6

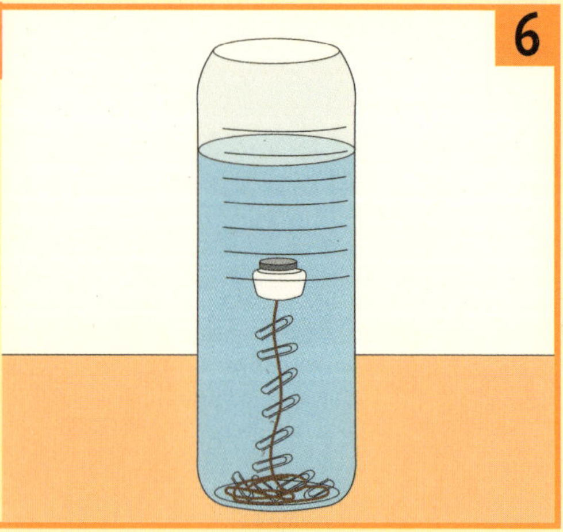

La force centrifuge

Il existe un jeu connu dans le monde entier sous diverses variantes et communément appelé la lutte à la corde. Deux équipes s'affrontent en tirant sur les extrémités d'une corde afin de déplacer un témoin se trouvant au milieu. Évidemment, l'équipe gagnante est celle ayant le plus de force. Est-ce toujours le cas ?

Matériel

- ✓ Un stylo-bille
- ✓ 6 écrous de même dimension
- ✓ De la ficelle

2

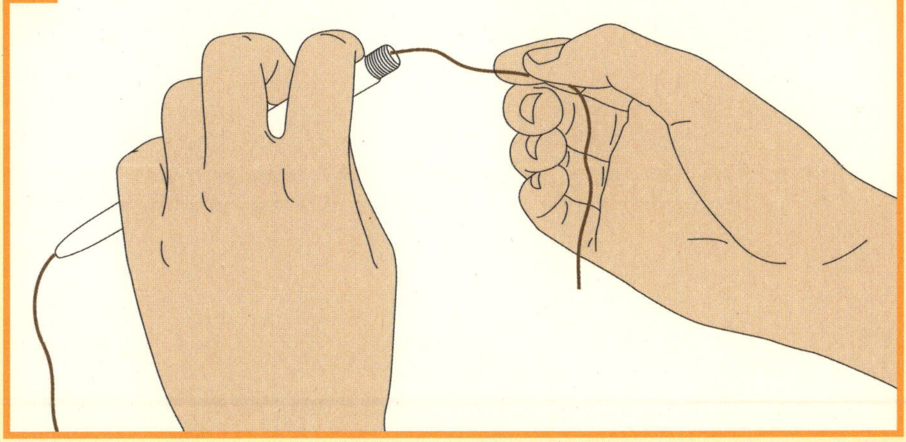

Retirez toutes les parties du stylo-bille et ne gardez que le tube en plastique. Coupez environ 40 cm de ficelle et passez-la dans le tube.

Attachez à une extrémité de la ficelle un écrou puis les cinq autres à l'autre extrémité. Tenez le tube entre deux doigts : la ficelle glisse dans le tube.

3

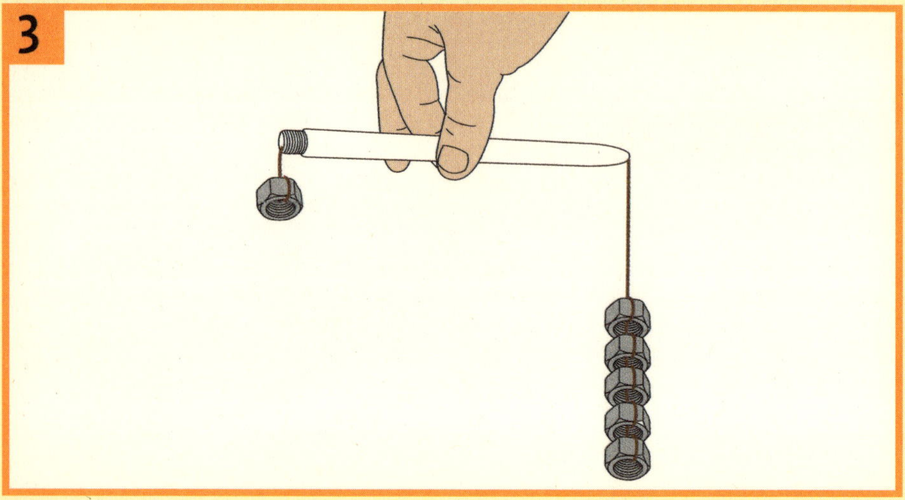

4

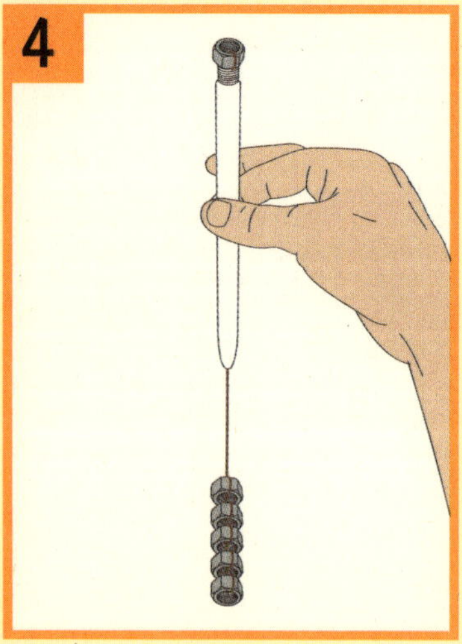

L'écrou est ainsi coincé contre le tube par le poids des cinq écrous. Tournez le tube d'un quart de tour, de sorte qu'il soit vertical, les 5 écrous en bas.

À savoir

Il existe des cas où la force centrifuge est utilisée comme, par exemple, pour essorer le linge : le tambour tourne à grande vitesse, éjectant l'eau du linge. Mais cette force peut être contraignante pour les pilotes d'avions de chasse ou les passagers d'un véhicule lorsqu'il y a changement de direction.

5

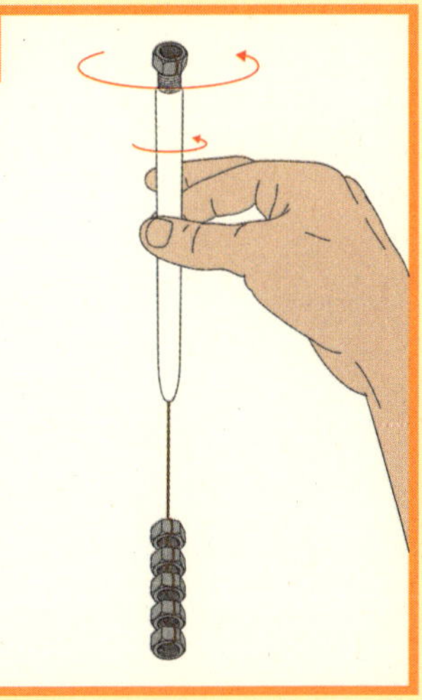

Impulsez un mouvement giratoire du stylo afin de mettre en rotation l'écrou. Faites-le tourner de plus en plus vite et observez attentivement.

Résultat

Petit à petit, l'écrou s'éloigne du tube du stylo, entraînant la ficelle et les cinq écrous ! C'est la force centrifuge qui permet cette remontée. La force centrifuge est une force supplémentaire induite par la rotation d'un objet. Cette expérience montre comment, grâce à la force centrifuge, une petite masse peut facilement en entraîner une plus grosse.

6

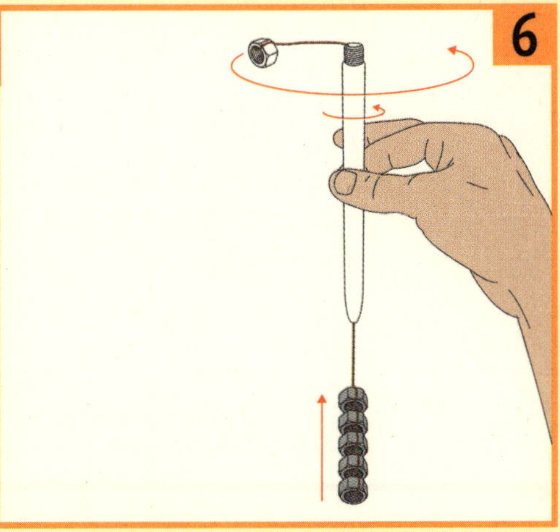

Les annuaires siamois

Il est plus facile de glisser sur la glace que sur l'herbe. En effet, sur la glace il y a moins de frottements. Certains matériaux offrent donc moins de résistance que d'autre. L'expérience suivante va permettre de mettre en évidence les frottements entre les feuilles de deux annuaires. Vous allez être surpris !

Matériel

✓ Une table
✓ 2 annuaires de même dimension

2

Mettez les annuaires face à face et ouvrez-les en deux. Entrelacez-les de sorte que les moitiés d'annuaire se superposent. Tirez sur chaque annuaire.

Vous réussissez à les séparer sans difficulté mais vous sentez quand même une légère retenue. Elle est due au poids de chaque moitié d'annuaire sur l'autre.

3

4

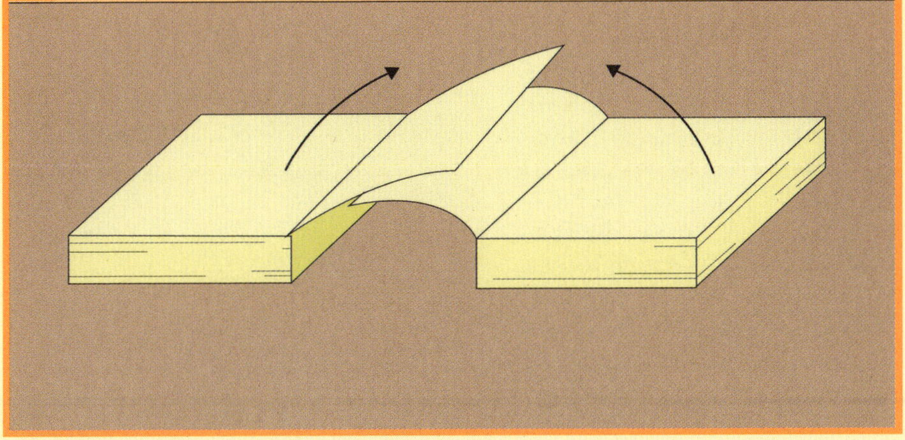

Ouvrez les deux annuaires à la dernière page et positionnez-les face à face. Placez une page d'un annuaire sur l'autre, sur 100 pages environ.

À savoir

Le curling est un sport de précision : les joueurs frottent la glace avec des balais devant la pierre en granit qu'un participant a lancée. Pourquoi ? En frottant la glace, ils la réchauffent et elle fond. Il y a donc une mince pellicule d'eau au-dessus de la glace, réduisant les forces de frottement.

5

Une fois que vous avez croisé plus d'une centaine de pages de chaque annuaire, prenez-en un dans chaque main et essayez de les séparer en tirant dessus.

Résultat

Vous ne réussissez pas à les séparer ! En effet, chaque page frotte avec deux pages de l'autre annuaire : elles sont les unes au-dessus des autres. Tous ces frottements se cumulent et créent une force qui les empêche de se séparer. Cette force est même largement supérieure au poids des annuaires. Prenez un annuaire en main : le second ne tombera pas au sol !

6

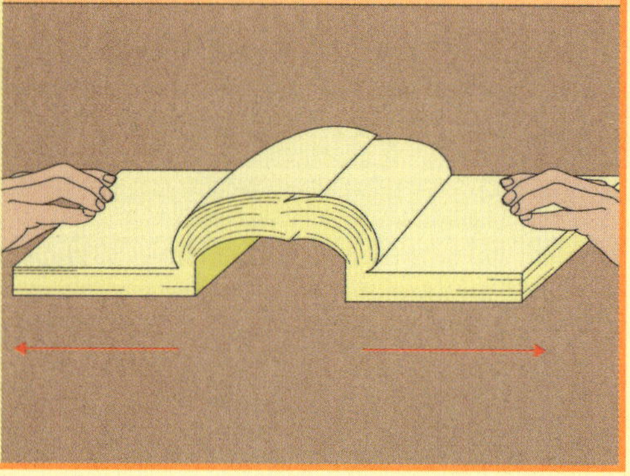

Le lanceur magnétique

Le lanceur magnétique, aussi appelé « canon de Gauss », utilise l'effet de répulsion magnétique. Cette expérience très spectaculaire ne demande que peu de matériel et amusera la plupart d'entre vous. Elle n'est cependant pas dangereuse car les aimants que vous possédez ne sont pas assez puissants pour provoquer des dégâts.

Matériel

- ✓ Une baguette en bois en forme de gouttière
- ✓ 2 billes de diamètres différents
- ✓ Une cale en bois
- ✓ Un aimant
- ✓ Une table

2

Posez la baguette sur la table et sur la cale afin qu'elle soit légèrement inclinée. Faites en sorte qu'elle ne bouge pas et posez l'aimant à l'extrémité.

Posez les billes à l'autre extrémité, la plus grosse au-dessus, et lâchez-les. La baguette étant inclinée légèrement, les billes vont rouler vers l'aimant.

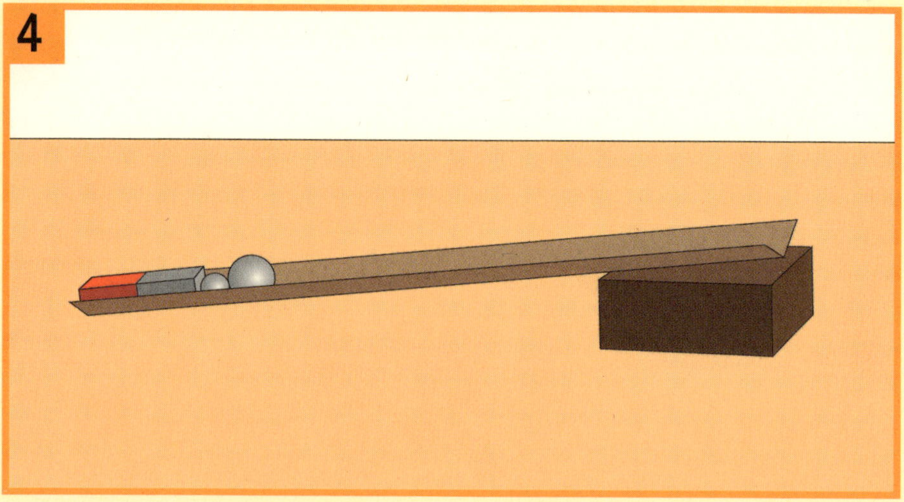

Les billes ont pris un peu de vitesse et se rapprochent de la force magnétique de l'aimant. Ainsi elles se collent à l'aimant et ne bougent plus.

À savoir

Le canon magnétique est une arme expérimentale largement exploitée dans les romans de science-fiction et les jeux vidéo. Il est constitué d'un tube que l'on entoure de fils métalliques dans lesquels on fait passer un courant électrique. Un champ magnétique est généré, projetant les obus à grande vitesse.

5

Détachez les billes et reposez-les en haut de la glissière, mais en plaçant la plus petite au-dessus. Lâchez-les et observez bien ce qui va se passer.

Résultat

De nouveau les billes se collent à l'aimant, mais immédiatement la petite bille est éjectée dans l'autre sens avec une grande vitesse. Pourquoi ? Lorsque les billes roulent, elles acquièrent de l'énergie cinétique puis sont stoppées net contre l'aimant. Ce surplus d'énergie doit être évacué et c'est la petite bille qui la récupère : elle est éjectée à grande vitesse.

6

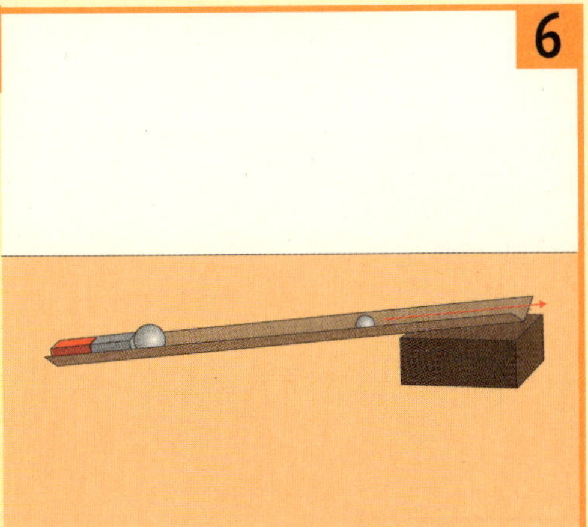

Mégabulles de savon

Pour faire une bulle de savon, il faut de l'eau et bien sûr du savon. Mais avec cette recette, le diamètre des bulles est limité et elles explosent facilement. Comment alors préparer un mélange qui vous permettra de faire de belles et grosses bulles ? En ajoutant quelques ingrédients et de la patience, bien entendu…

Matériel

✓ 65 cl d'eau
✓ 50 g de sucre en poudre
✓ 20 cl de liquide vaisselle
✓ 10 cl de glycérine (en pharmacie)
✓ Un entonnoir
✓ Une bassine
✓ Un verre doseur
✓ Une cuillère en bois

2

Versez les 65 cl d'eau dans la bassine puis dissoudre le sucre dans l'eau en remuant bien. Il faut absolument qu'il soit dissous pour passer à la suite.

Ajoutez les 20 cl de liquide vaisselle. À partir de cette étape, remuez bien le mélange mais doucement : cela évitera la formation prématurée de bulles.

Il ne vous reste plus qu'à verser les 10 cl de glycérine et à mélanger le tout doucement. Il vaut mieux laisser reposer le mélange une dizaine de minutes.

À savoir

Il vous est possible de faire des bulles vraiment géantes, jusqu'à plusieurs mètres ! Pour cela formez un cercle avec une corde et attachez-le à deux bâtons. Trempez la corde dans le liquide, sortez-la et reculez pour que l'air s'engouffre dans le film d'eau savonneuse. À vous d'essayer !

5

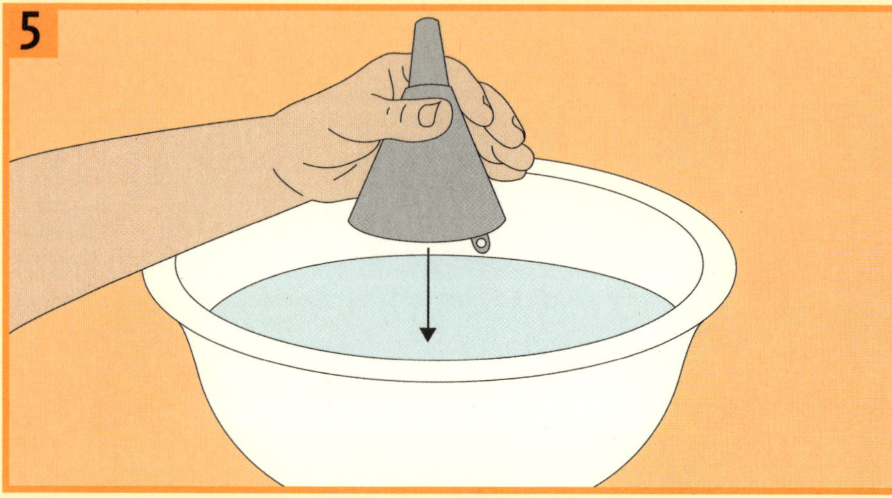

Trempez l'entonnoir dans le liquide et assurez-vous qu'il y a bien un film d'eau savonneuse. Vous pouvez souffler dans l'embout et faire une bulle de savon.

Résultat

Vous réussissez à faire une grosse bulle d'au moins 30 cm de diamètre, mais cela dépend de votre souffle. Pourquoi ? Chaque ingrédient que vous avez versé a un rôle particulier : le sucre diminue l'évaporation, le liquide vaisselle lie les molécules d'eau et la glycérine assure la stabilité des bulles de grand diamètre. Maintenant, amusez-vous bien !

6

La salsa du raisin

Est-il possible de faire danser des raisins secs ? Oui, mais sûrement pas avec de la musique ! Cette expérience très amusante est encore une illustration de la poussée d'Archimède. C'est bien cette force qui permet aux bateaux de ne pas sombrer, c'est elle aussi qui vous aide quand vous faites des longueurs de bassin.

Matériel

- ✓ Un grand verre
- ✓ De l'eau plate
- ✓ De l'eau gazeuse
- ✓ Des raisins secs

2

Remplissez le verre d'eau plate et versez-y une poignée de raisins secs. Bien sûr les raisins tombent au fond du verre, mais observez : se mettent-ils à danser ?

Eh bien, il ne se passe rien. Les raisins restent au fond et ne bougent pas. Vous pouvez les secouer pour les faire danser, mais ce serait une duperie.

3

4

Videz le verre de son eau en récupérant vos raisins secs puis versez maintenant l'eau gazeuse. Mieux vaut utiliser une eau gazeuse fortement gazéifiée.

À savoir

Les bulles contenues dans l'eau pétillante contiennent du gaz, le dioxyde de carbone (CO_2). La présence de ce gaz dans ces eaux peut avoir différentes origines. Il y a les eaux naturelles, qui se chargent en gaz au contact des roches, et celles qui sont gazéifiées : on ajoute le gaz à l'embouteillage.

5

Versez alors immédiatement votre poignée de raisins secs avant que le gaz s'évapore. Les raisins tombent aussi au fond du verre, mais cette fois il y a réaction.

Résultat

Les raisins plongés dans de l'eau gazeuse ont un mouvement incessant de descente et de montée. Cela est dû aux bulles de dioxyde de carbone qui s'accrochent sur les grains et les entraînent à la surface de l'eau gazeuse. Ensuite, les bulles éclatent ou s'en détachent, les grains retombent au fond du verre, puis des bulles s'accrochent de nouveau, et ainsi de suite…

6

Vider une bouteille

En retournant une bouteille remplie d'eau vous parvenez à la vider, mais il faut un certain temps. Vous constatez que l'eau ne s'échappe que par à-coups. En effet, comme vous videz la bouteille, il faut remplacer l'eau par autre chose : de l'air. Mais n'y a-t-il pas un moyen pour vider la bouteille plus rapidement ?

Matériel

- ✓ Deux bouteilles en plastique
- ✓ Du ruban adhésif
- ✓ De l'eau
- ✓ Une montre ou un chronomètre

2

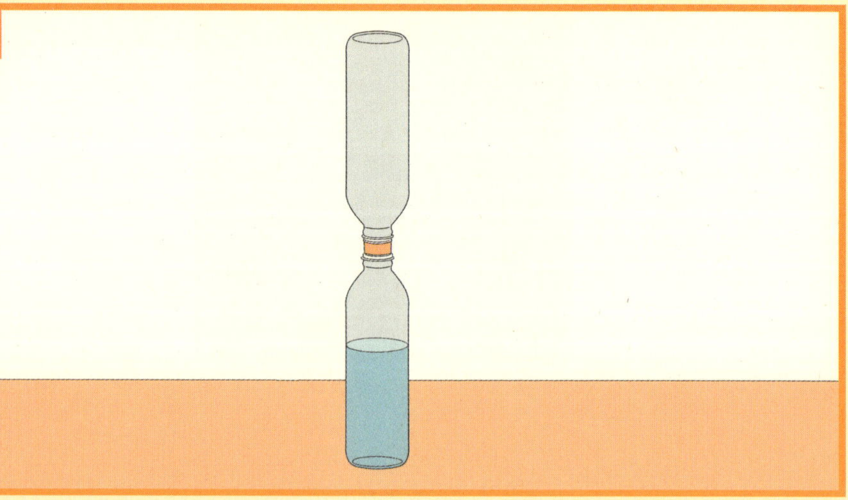

Remplissez une des deux bouteilles aux deux tiers puis placez la seconde au-dessus, goulot contre goulot. Liez bien l'ensemble avec le ruban adhésif.

Déclenchez votre chronomètre en même temps que vous retournez les bouteilles. Comme prévu l'eau passe d'une bouteille à l'autre, remplacée par de l'air.

Théoriquement la bouteille se vide dans la deuxième en une quinzaine de secondes. Comment faire mieux ? En secouant le tout ? Non, pas du tout...

À savoir

En vidant une baignoire, vous voyez souvent un tourbillon se former. Tourne-t-il dans le sens des aiguilles d'une montre ou le contraire ? L'idée reçue est que le sens de rotation dépendrait de l'endroit où l'on se trouve : hémisphère Sud ou Nord. En réalité, cela ne dépend que du contenant.

5

Voilà la solution : déclenchez le chronomètre et retournez la bouteille tout en lui faisant faire deux à trois tours énergiques afin de créer un vortex.

Résultat

L'eau s'écoule d'une bouteille à l'autre continûment, sans les hoquets dus aux bulles d'air. Si vous avez bien tourné la bouteille, elle se videra en seulement quelques secondes ! Deux à trois fois moins de temps ! C'est la rotation de l'eau qui crée un tunnel, ou vortex, où l'air peut passer facilement. Il peut alors remonter sans gêner l'eau qui descend.

6

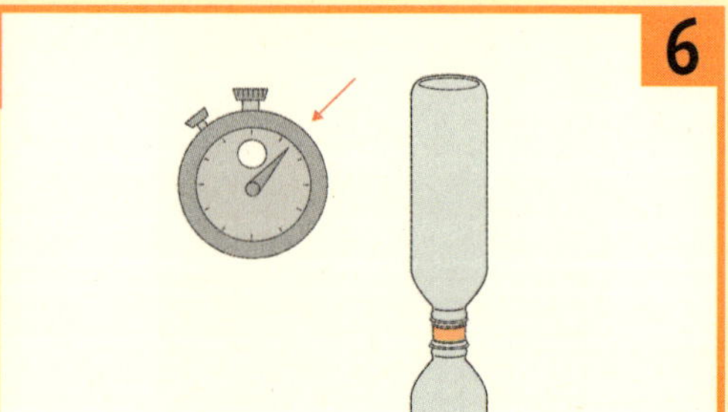

Drôle d'équilibre

Comment faire tenir une règle en équilibre sur une table, sur une surface de quelques centimètres ? Voici une expérience qui révèle le centre de gravité des objets qui vous entourent, en les mettant dans une drôle de position, apparemment instable, et pourtant…

Matériel

- ✓ Un marteau
- ✓ Un élastique large, pas trop grand
- ✓ Une règle rigide (en bois ou en métal)
- ✓ Une table

2

Il suffit simplement de poser la règle sur la table à quelques centimètres du bord pour se rassurer : elle tombe ! Alors si vous y ajoutez le marteau…

Voici une meilleure méthode : passez la règle dans le gros élastique. L'idéal est d'avoir une règle de 30 cm, en bois pour sa rigidité.

Glissez le manche du marteau dans l'élastique et mettez-le en contact avec la règle. Écartez l'ensemble pour vous assurer que l'élastique ne glisse pas.

À savoir

Un équilibriste, ou funambule, est un artiste de cirque qui se déplace sur un fil à une certaine hauteur du sol. Pour éviter de chuter, il se munit d'un balancier qui lui permet d'abaisser son centre de gravité. En 2010, un Américain de 23 ans a marché sur une corde sur une distance de 1 000 mètres, à 25 mètres du sol !

5

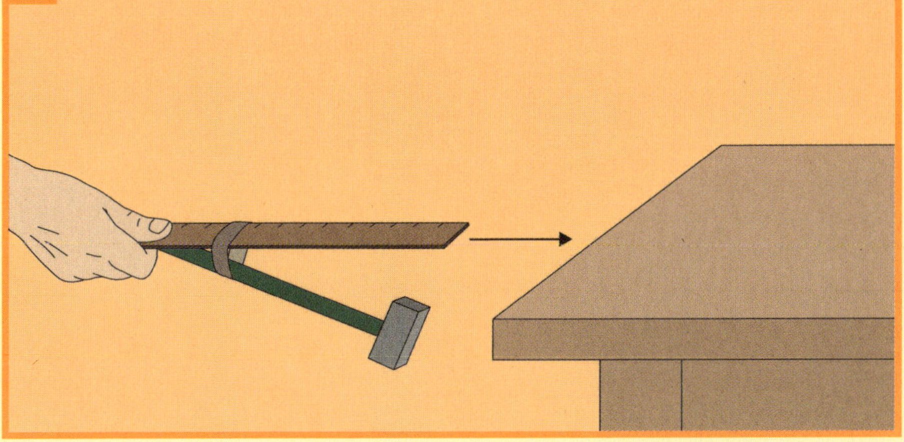

Placez la tête du marteau sous la table et posez le bout de la règle sur la table. Maintenant lâchez tout ! N'ayez pas peur et observez attentivement.

Résultat

Surprise ! Rien ne tombe ! L'ensemble oscille un peu autour de sa position d'équilibre mais ne tombe pas. Pourquoi ? Le centre de gravité de l'ensemble se trouve en dessous de la table et surtout en dessous du point d'appui de la règle. C'est la masse de la tête du marteau qui impose la position basse du centre de gravité, un peu comme l'équilibriste avec sa perche.

6

L'éruption sous-marine

Sur Terre, les volcans crachent de la lave et de la fumée dans les plus hautes couches de l'atmosphère. Les volcans sont aussi présents au fond des océans et réchauffent l'eau à proximité, permettant l'existence d'une faune sous-marine des plus étranges. Sauriez-vous fabriquer un volcan sous-marin à la maison, dans un bocal ?

Matériel

- ✓ De l'eau
- ✓ Un bocal
- ✓ Un tube en plastique (de médicaments)
- ✓ Du ruban adhésif
- ✓ Deux cartouches d'encre bleue
- ✓ Un tournevis
- ✓ Un gros écrou

2

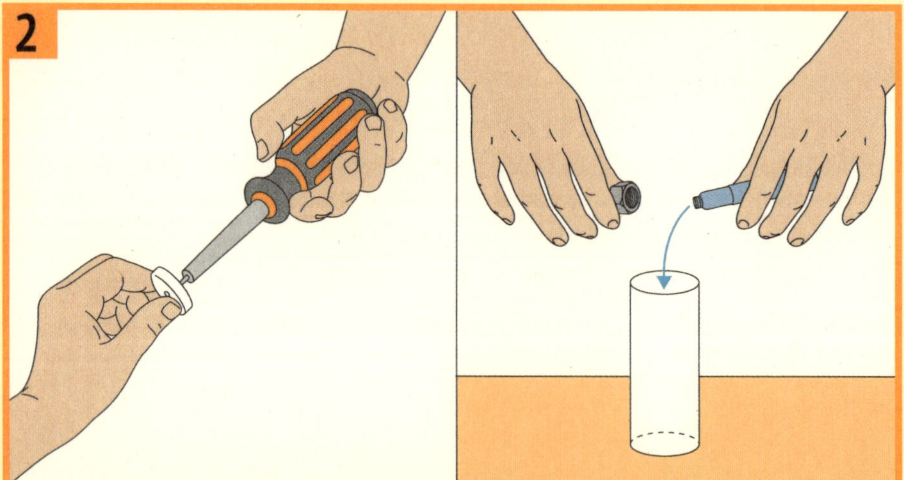

Percez le capuchon du tube à l'aide du tournevis. Placez l'écrou à l'intérieur du tube. Après avoir percé les cartouches, versez leur contenu au fond du tube.

Chauffez un peu d'eau, sans qu'elle soit nécessairement bouillante, et versez-la dans le tube afin de le remplir complètement. Ensuite, refermez le tube.

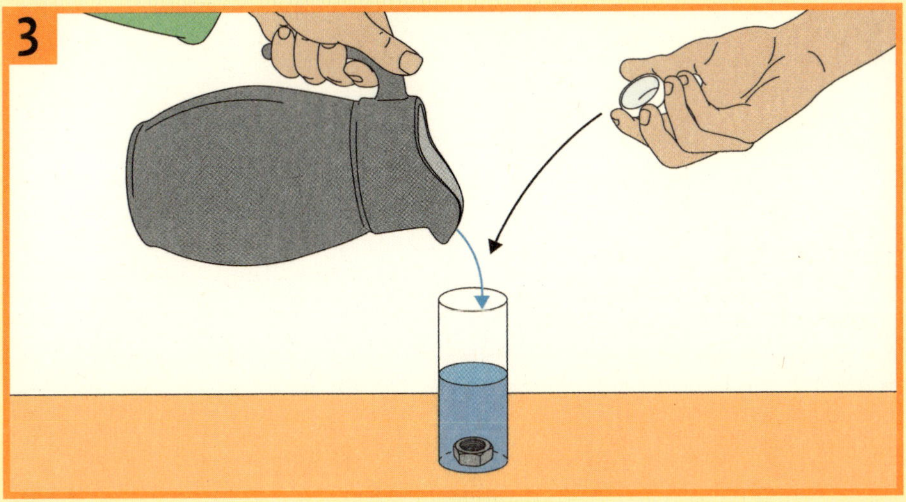

Coupez environ 10 cm de ruban adhésif et bouchez l'ouverture du bouchon avec une extrémité. Déposez le tube au fond du bocal bien à la verticale.

À savoir

Vous pouvez retrouver ce phénomène avec les montgolfières. Quand on chauffe l'air dans le ballon, la montgolfière monte dans les airs. Autre exemple : l'eau des mers et des lacs est toujours plus chaude en surface. Voilà pourquoi vous avez cette sensation de froideur aux jambes quand vous vous baignez.

5

Versez de l'eau froide dans le bocal. À l'aide du tournevis, appuyez légèrement sur le capuchon tout en tirant sur le ruban afin de découvrir l'orifice.

Résultat

Après avoir enlevé le ruban adhésif, vous constatez une montée verticale de l'encre à partir de l'orifice. Pourquoi ? Lorsque l'eau est chauffée, elle se dilate et augmente de volume. Sa densité est plus faible que l'eau froide, ce qui provoque sa montée. Puis quand l'eau chaude finit par avoir la même température que l'eau froide, les eaux se mélangent.

6

L'œil photographique

La persistance rétinienne est la capacité, ou même un défaut de vos yeux, à conserver une image pendant une courte durée, tout en visualisant d'autres images. Ainsi, vous avez l'impression que les images se superposent. Vous allez réaliser cette expérience, réussir à « tromper » vos yeux, et rentrer un oiseau dans sa cage.

Matériel

- ✓ Une paire de ciseaux pointus
- ✓ Une feuille de papier cartonné
- ✓ Une feuille de papier
- ✓ Un crayon
- ✓ 2 élastiques
- ✓ De la colle

2

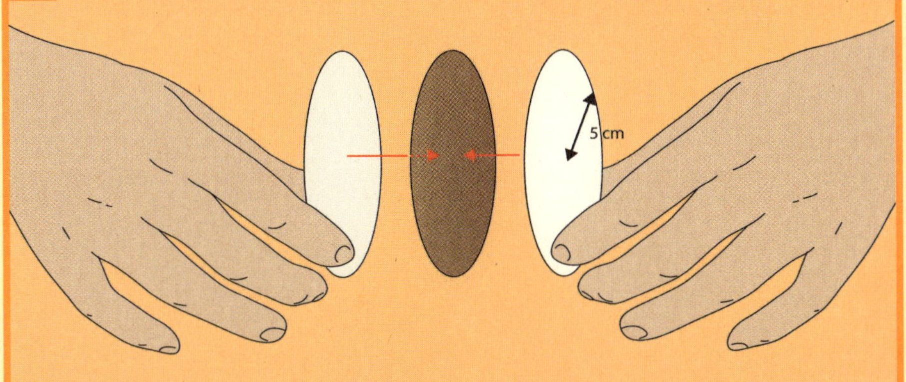

Découpez 3 disques de 5 cm de rayon, dont un seul sur la feuille de papier cartonné. Collez les disques en papier sur les faces de celui en carton.

Sans déformer le carton, percez deux trous diamétralement opposés à l'aide de la paire de ciseaux. Passez un élastique dans chacun d'eux et fixez-les bien.

3

4

Dessinez sur une face une cage d'oiseau puis retournez le carton vers vous. Dessinez alors sur la seconde face un oiseau, par exemple un perroquet.

À savoir

Sur un téléviseur ou sur un écran de cinéma, l'image semble stable et ne clignote pas. Pourtant les images ne sont émises que par intermittence : 24 images par seconde pour le grand écran. De plus, la persistance rétinienne sera plus forte et plus longue si les images observées sont lumineuses.

5

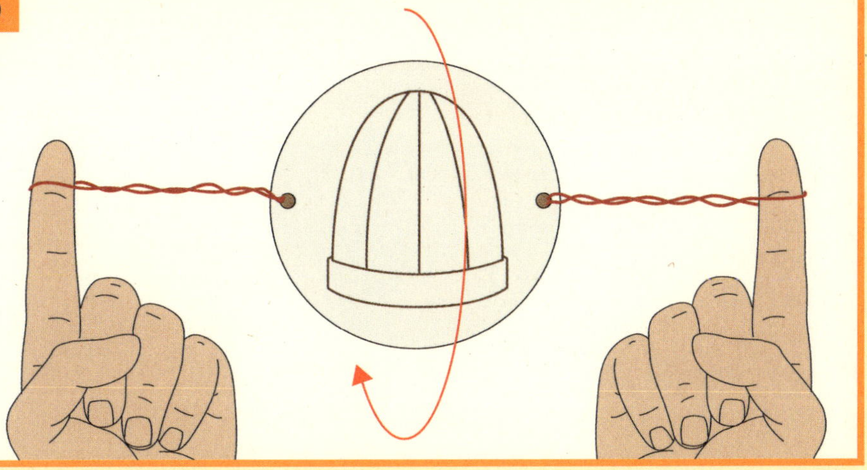

Enfilez les élastiques sur vos deux index puis tournez de nombreuses fois le carton. Il ne vous reste plus qu'à lâcher le carton tout en le fixant.

Résultat

Le disque se met à tourner et vos yeux n'ont plus le temps de distinguer les deux dessins, ils ne font plus qu'un et vous avez l'impression que l'oiseau est en cage. La durée est trop courte entre chaque changement d'image, l'œil ne peut donc pas le percevoir : c'est la persistance rétinienne. Essayez avec d'autres dessins, c'est tout aussi surprenant.

6

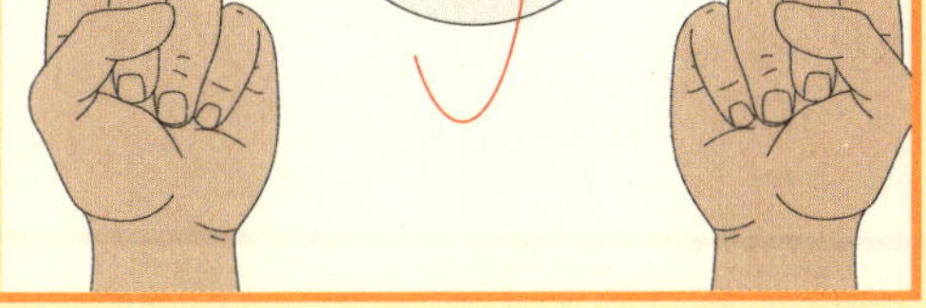

Le bas étanche

Un bas, ou chaussette longue et fine, est utilisé par les femmes pour recouvrir la jambe afin de tenir chaud. Il est généralement fait de Nylon et ses mailles sont très petites : il est presque transparent. Vous allez, avec cette expérience, mettre en évidence une nouvelle propriété de cet accessoire féminin.

Matériel

- ✓ Un bas
- ✓ Une feuille cartonnée
- ✓ De l'eau
- ✓ Un verre
- ✓ Un élastique

2

Recouvrez le verre avec le bas, tendez-le et maintenez l'ensemble avec l'élastique. Versez de l'eau à travers le bas : le verre se remplit sans difficulté.

Placez-vous au-dessus d'un lavabo et inclinez légèrement le verre. Évidemment, l'eau passe à travers le bas aussi facilement que lorsque vous l'aviez versée.

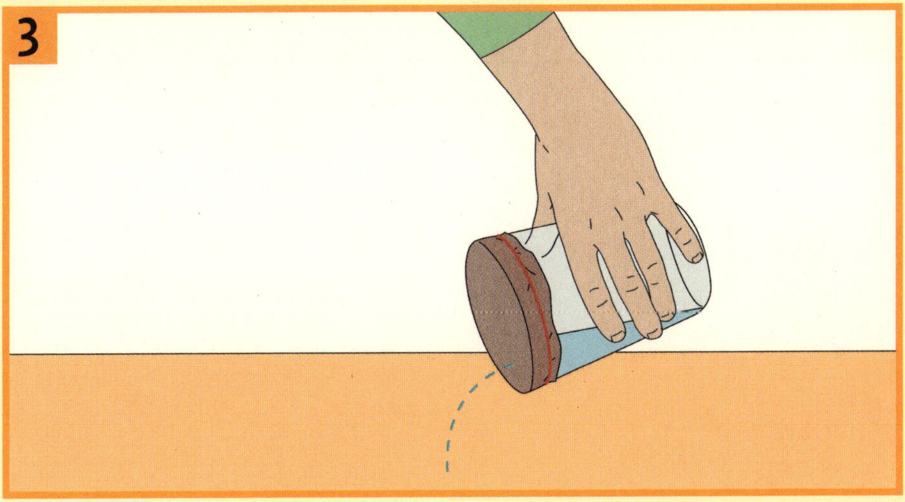

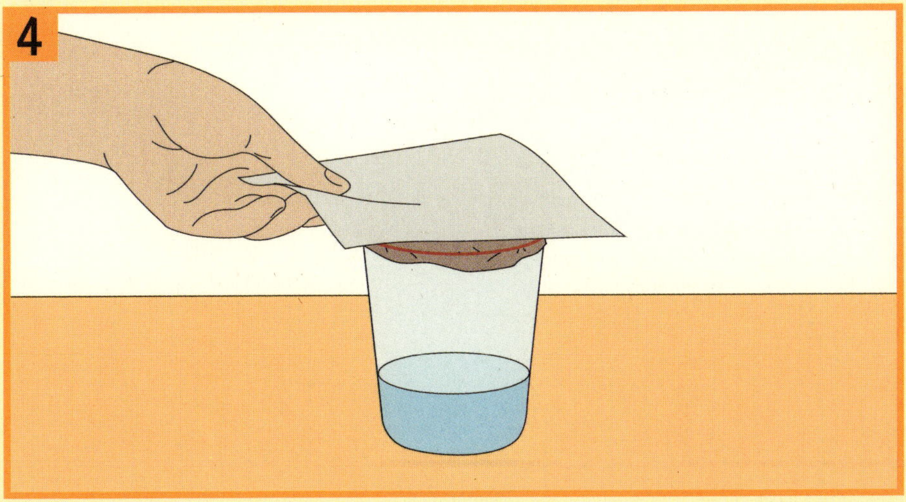

Maintenant remplissez le verre au tiers à travers le bas et plaquez la feuille cartonnée dessus. Retournez le verre tout en gardant la feuille plaquée.

À savoir

La taille des mailles du tissu a une grande importance : un peu plus grande et l'eau passe sans contrainte. Les filtres permettent de purifier l'eau en séparant les déchets des liquides. Il en existe des naturels comme les roches, le sable ou les plantes, qui peuvent filtrer un bassin pour vos poissons.

5

Gardez bien le verre à l'horizontale et retirez doucement la feuille cartonnée. L'eau va tomber ? Mettez-vous au-dessus du lavabo, c'est plus sûr…

Résultat

L'eau reste dans le verre ! Enfin, tant que le verre demeure à l'horizontale. Il y a quelque chose qui empêche l'eau de ressortir du verre lorsque le bas est posé et tendu au-dessus. Ce n'est pas le bas lui-même, car on peut très bien remplir le verre au travers. C'est la tension superficielle qui en est la cause, c'est elle qui permet aux insectes de marcher sur l'eau.

6

L'œuf élastique

Voici une nouvelle expérience amusante que vous pouvez réaliser chez vous : comment faire rebondir un œuf sans qu'il se casse ? La coquille est si fragile qu'elle se brise au moindre choc. Et ce n'est pas en le faisant cuire dans l'eau dix minutes ou en l'emballant dans du papier à bulle que la coquille résistera. Lisez la suite…

Matériel

- ✓ 2 œufs crus
- ✓ Du vinaigre blanc
- ✓ Un verre
- ✓ Une assiette

2

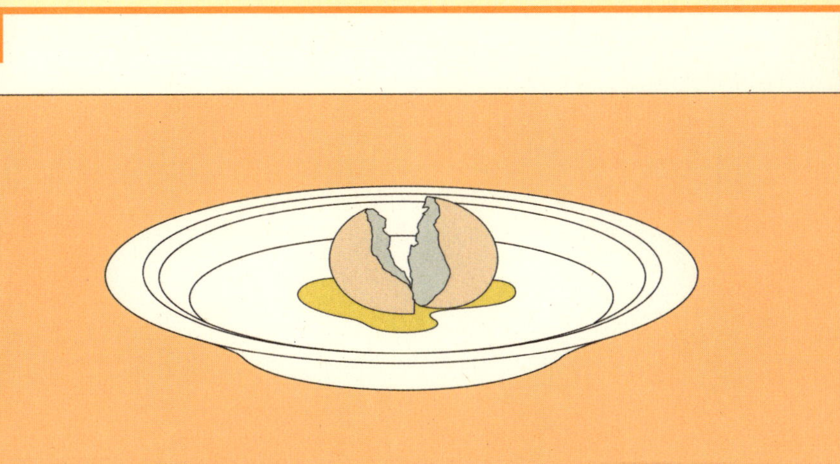

Allez dans votre cuisine et prenez un des œufs en main. Laissez-le tomber d'une dizaine de centimètres au-dessus d'un assiette : il se casse, évidemment…

Mettez l'autre œuf dans le verre et remplissez ce dernier de vinaigre blanc jusqu'à le couvrir complètement. Laissez-le mariner au moins vingt-quatre heures.

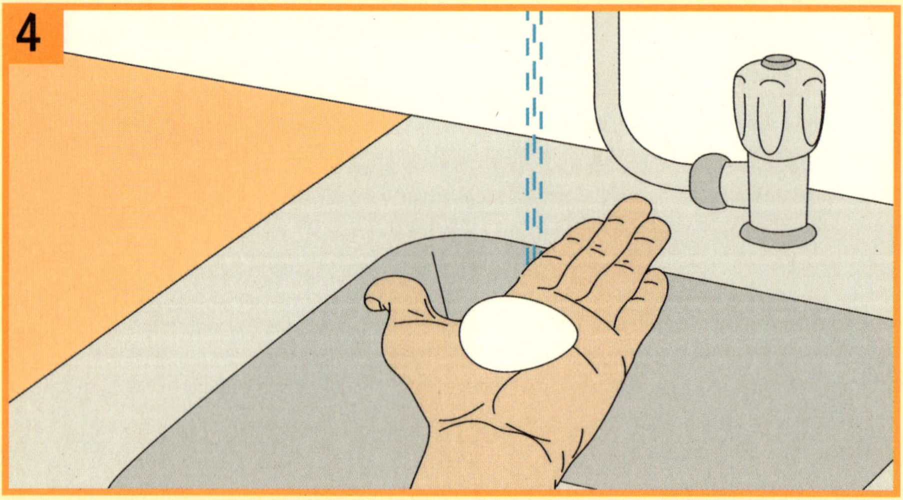

Ensuite, sortez l'œuf du vinaigre. La coquille a disparu, le vinaigre l'a complètement dissoute. À présent, nettoyez l'œuf sous l'eau du robinet.

À savoir

Si on tient un œuf cru entre les mains et que l'on presse dans le sens de la longueur alors il est presque impossible de le casser. C'est la forme de la coquille qui permet cette résistance, voilà pourquoi on brise toujours un œuf sur un saladier en le frappant sur la surface la moins courbée.

Après avoir rincé l'œuf, placez-vous de nouveau au-dessus de l'assiette et laissez-le tomber d'une dizaine de centimètres. Va-t-il encore s'étaler ?

Résultat

L'œuf rebondit sur l'assiette ! Reprenez-le et testez la résistance en augmentant la hauteur de chute : la membrane entourant l'œuf finit par se déchirer. Pour en savoir un peu plus, le vinaigre a réagi avec la coquille de l'œuf et l'a dissoute : la seule enveloppe qui reste est la membrane fine qui sépare la coquille du blanc de l'œuf : voilà pourquoi il rebondit.

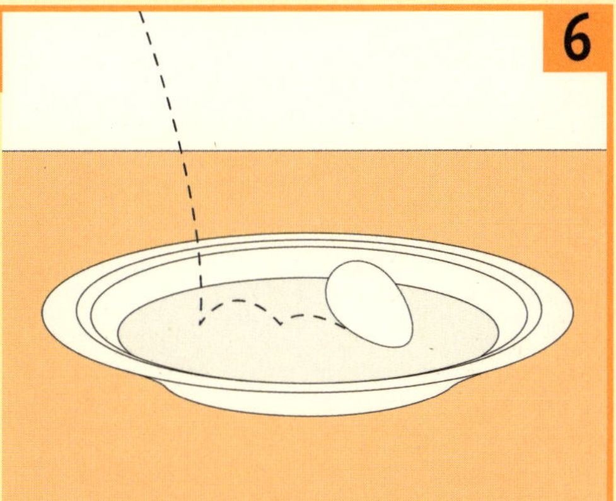

Ça roule !

En théorie, un vélo sur une surface plane devrait rouler indéfiniment, mais en réalité ce n'est pas le cas. La cause est le frottement des roues sur le sol, mais aussi le frottement de la roue sur son axe de rotation, très réduit par un roulement à billes. Vous allez, chez vous, apprendre à réduire les frottements…

Matériel

✓ Une vingtaine de billes en verre
✓ Un couvercle de pot à confiture
✓ Un dictionnaire
✓ Une table

2

Tout le monde a chez soi un dictionnaire volumineux. Allez le chercher et posez-le au centre de la table du salon. Essayez de le tourner avec un doigt.

Bien sûr, en forçant, vous allez y arriver et peut-être même entraîner la nappe qui se trouve dessus. Mais y a-t-il un moyen de le tourner sans effort ?

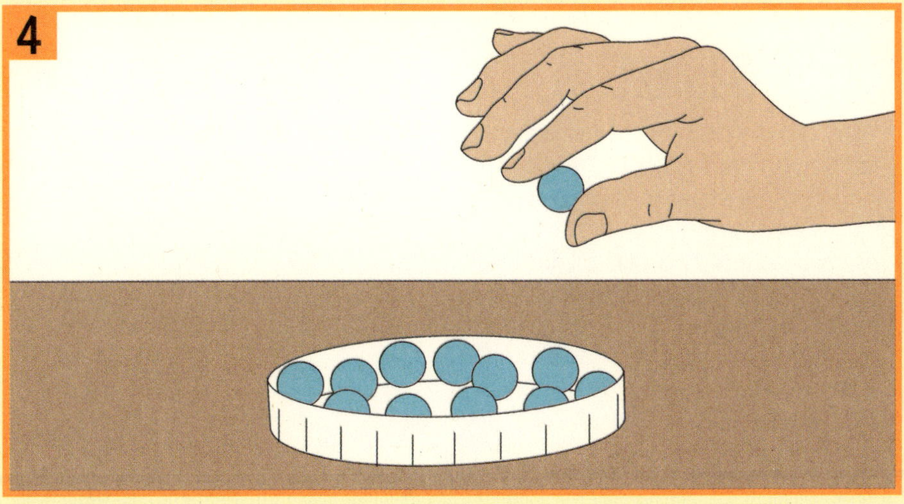

Retirez le dictionnaire et posez le couvercle de pot à confiture à sa place. Et maintenant, placez à l'intérieur un maximum de billes.

À savoir

Les roulements à billes doivent beaucoup aux rondins de bois, ceux utilisés par les Égyptiens au temps des pharaons pour déplacer les énormes pierres. Ainsi ils pouvaient résoudre le problème des frottement par la rotation des rondins et réussissaient à déplacer des masses allant jusqu'à 40 tonnes !

5

Placez à plat le dictionnaire sur les billes de telle sorte qu'il repose dessus en son centre. Essayez alors, à l'aide d'un doigt seulement, de le tourner.

Résultat

Vous constatez qu'il tourne très facilement, alors que sans ce roulement à billes il était difficile de le mettre en mouvement. Les frottements ont été réduits par les billes, car il n'y a que quelques points de contact entre elles, le dictionnaire et le couvercle. De plus, le moindre frottement est compensé par la rotation des billes : vous tournez le dictionnaire sans effort.

6

Le vaporisateur

Vous avez tous chez vous un vaporisateur de parfum. Il est constitué d'un embout pulvérisateur qui permet de délivrer le parfum sous forme de gouttelettes. Il existe différents systèmes de vaporisation et vous allez, chez vous, en construire un exemplaire avec peu de matériel. Mais le plus important sera votre souffle.

Matériel

- ✓ Une paille
- ✓ Une paire de ciseaux
- ✓ Du ruban adhésif
- ✓ Un verre
- ✓ De l'eau

2

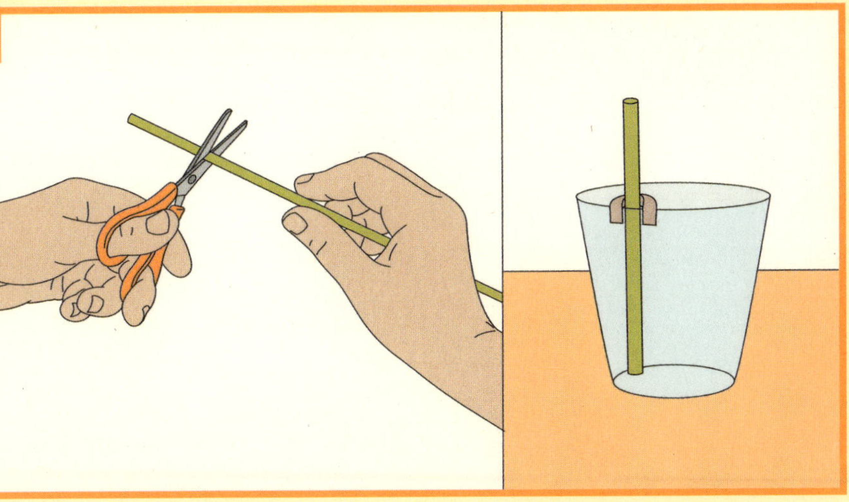

Coupez deux morceaux identiques de paille. Attachez un morceau de paille, à l'aide du ruban adhésif, à l'intérieur du verre.

La paille doit être verticale et, de plus, une extrémité doit dépasser du verre de 1 cm environ. Remplissez le verre d'eau aux deux tiers environ.

Soufflez le plus fort possible sur l'embout de la paille. Vous remarquez que l'eau monte légèrement à l'intérieur de la paille, mais ne déborde pas.

À savoir

De plus en plus souvent, les sapeurs-pompiers font face à des feux sur lesquels l'eau seule est inopérante et même parfois contre-indiquée. Ils utilisent alors des mousses, mélange d'eau et d'émulsifiant, élaborées grâce à la dépression créée par l'eau circulant dans les lances à incendie.

5

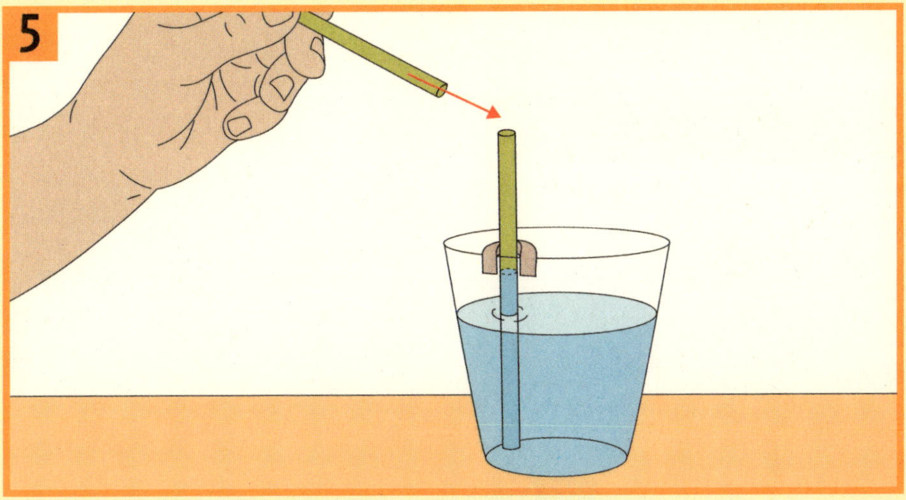

Vous allez utiliser l'autre paille pour canaliser le souffle. Portez la paille à votre bouche et soufflez en direction de l'embout émergeant du verre.

Résultat

L'eau monte à l'intérieur de la paille et elle est éjectée en petites gouttelettes ! Grâce à la seconde paille, vous avez concentré votre souffle sur l'embout de la paille, créant une plus forte dépression que précédemment. Cette dépression est due à l'effet Venturi : c'est la relation entre la vitesse d'écoulement et la pression des fluides. Elle aspire l'eau dans la paille.

6

L'eau ne mouille pas...

Est-il possible d'introduire une main dans l'eau sans la mouiller ? Non, sauf si vous vous procurez de la poudre de lycopode. Cette poudre est obtenue à partir de lycopode en massue, une plante vivace aux étonnantes propriétés, que l'on trouve facilement dans une herboristerie ou pharmacie.

Matériel

✓ De la poudre de lycopode
✓ Un saladier
✓ De l'eau
✓ Un gros écrou

Faites tomber l'écrou dans le saladier rempli d'eau. Essayez donc de la récupérer sans vous mouiller les mains et surtout sans utiliser d'ustensiles...

À chaque fois, vous ressortez la main mouillée ! Certains d'entre vous peuvent proposer l'utilisation d'un aimant, mais la force magnétique est trop faible.

Il faut changer de stratégie. Saupoudrez la surface de l'eau de poudre de lycopode. Mettez-en suffisamment afin de recouvrir totalement la surface.

À savoir

Les matériaux hydrophobes peuvent être très utiles. Par exemple, pour les pare-brise de voitures : cela permet d'éliminer l'eau d'un seul coup de balai. De même, les imperméables, les feuilles de chou et les nénuphars ainsi que certains insectes et plusieurs centaines de plantes ont la propriété d'être hydrophobes.

5

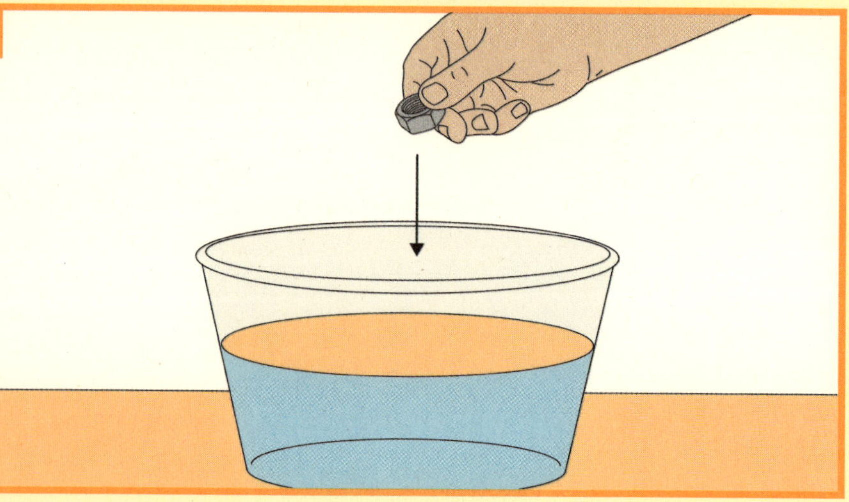

Plongez la main doucement dans l'eau et allez chercher l'écrou. Vous êtes persuadé que vous allez vous mouiller les mains ? Vous allez être surpris !

Résultat

Vous ressortez l'écrou de l'eau et votre main est totalement sèche ! Comment la poudre a-t-elle pu empêcher l'eau d'atteindre votre peau ? Elle est hydrophobe : elle repousse l'eau autour d'elle et comme votre main en est enduite, elle ne se mouille pas. Vous pouvez aussi réaliser cette expérience avec du talc, mais en en saupoudrant une plus grande quantité.

6

Et ça tourne !

Il y a différentes façons de déplacer des objets sur l'eau : on peut souffler dessus comme le vent sur une voile de bateau ou accrocher un petit moteur faisant tourner une hélice qui le propulsera. Ces techniques font appel au principe d'action et réaction. Vous allez, chez vous, trouver un nouveau moyen de propulsion.

Matériel

- ✓ Une feuille de papier aluminium
- ✓ Une bassine d'eau
- ✓ Un aimant
- ✓ Une paire de ciseaux

2

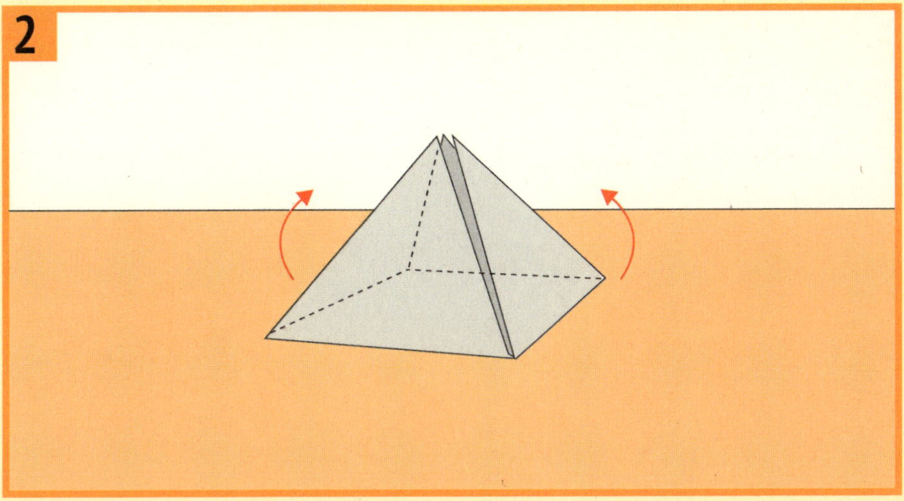

Découpez un carré de feuille d'aluminium de 10 cm de côté. Rabattez au centre les quatre sommets afin que l'ensemble ressemble à une pyramide.

Après avoir préalablement rempli votre bassine d'eau, déposez votre petite pyramide à la surface de l'eau. Sa légèreté et sa forme lui permettent de flotter.

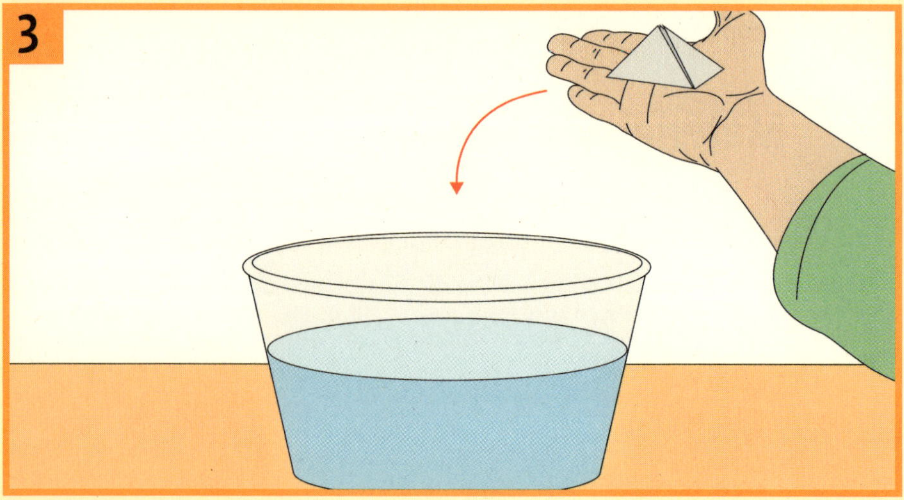

Si vous soufflez dessus ou donnez une petite tape, votre embarcation va se mettre à bouger. Mais y a-t-il un moyen de la faire tourner autrement ?

À savoir

Des systèmes de freinage à courants de Foucault sont utilisés sur les autocars, appelés ralentisseurs. Des disques solidaires aux roues sont encadrés par des électro-aimants fixés au véhicule. Quand ceux-ci sont mis sous tension, les courants dans les disques génèrent une force de freinage.

5

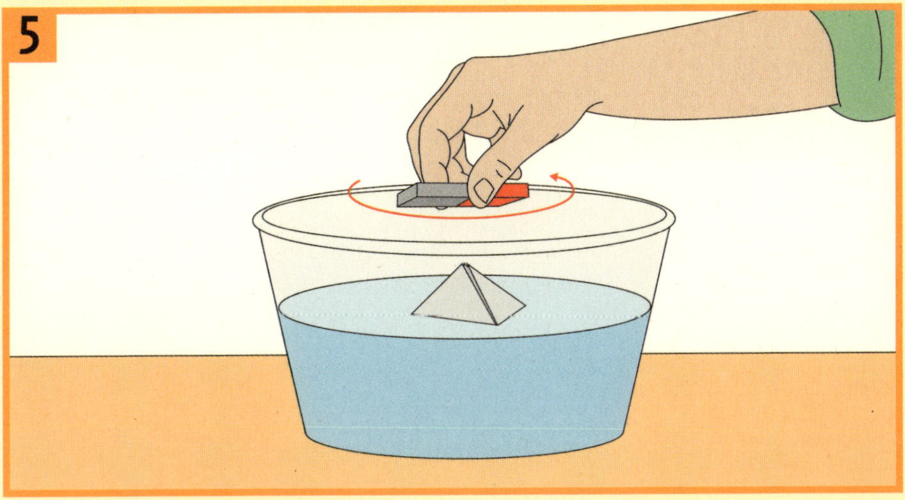

Immobilisez la pyramide et approchez l'aimant. Puis faites un mouvement circulaire juste au-dessus, dans le sens contraire des aiguilles d'une montre, par exemple.

Résultat

Ça tourne ! Et dans le même sens de rotation que l'aimant. Changez de sens et la pyramide suivra. Ce sont les courants de Foucault qui sont responsables de ce mouvement. En effet, lorsque vous tournez l'aimant, il y a variation du champ magnétique puis induction d'un courant électrique et enfin l'apparition d'une force qui fait tourner la feuille…

6

Où est la craie ?

Qui ne s'est jamais amusé à plonger un bâton dans une piscine ? Fait étonnant, vous le voyez comme cassé en deux alors qu'il n'en est rien lorsque vous le sortez de l'eau. Ce phénomène est une illusion d'optique induite par la réfraction : les rayons de lumière sont déviés lors de leur passage de l'eau vers l'air.

Matériel

✓ Une craie
✓ Un tube à essai
✓ Un saladier
✓ De l'eau

2

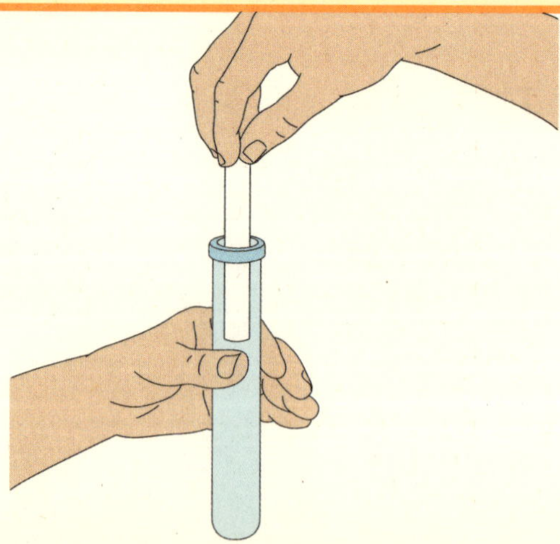

Glissez la craie dans le tube à essai. Vous pouvez tourner le tube dans tous les sens, la craie reste visible : rien d'extraordinaire pour l'instant…

Tenez d'une main le tube à essai puis mettez-vous au-dessus du récipient. Vous devez observer à la verticale pendant toute la durée de l'expérience.

Plongez le tube à essai dans l'eau en le tenant incliné à un angle supérieur à 45 °. Ne faites pas pénétrer l'eau sinon la craie sera difficile à sortir.

À savoir

Sur la route, par une belle journée d'été, vous pouvez voir au loin une grande étendue d'eau réfléchissant le ciel. Si vous vous approchez, elle semble être repoussée au loin : c'est un mirage ! Ce phénomène est dû à la réflexion de la lumière à la surface de la route, où l'air est plus chaud.

5

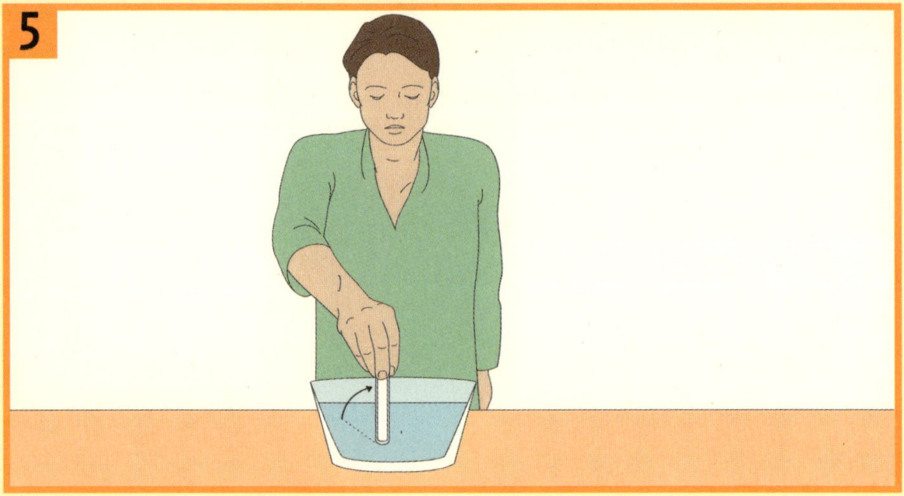

Maintenant, tout en douceur, relevez le tube à essai à la verticale. Fixez bien la craie à travers le tube et soyez attentif à ce qui va se passer.

Résultat

6

La craie a disparu. À la place, vous voyez un reflet argenté et pourtant elle est toujours dans le tube. Ce n'est pas un miracle mais un phénomène induit par la réfraction de la lumière. Lorsque le tube est presque vertical, la lumière est totalement réfléchie à l'intérieur. Ainsi, l'image de la craie ne passe pas à travers le verre : elle disparaît de notre vision.

Le citron amuseur

Les légumes frais sont riches en eau. Leur contenu en eau dépasse 80 %, aussi leur densité est-elle proche de celle de l'eau, soit 1 kg pour 1 l de liquide. Un œuf frais coule dans de l'eau pure, sa densité est supérieure à celle de l'eau, alors qu'une fraise reste à la surface. Mais qu'en est-il pour un citron ?

À FAIRE AVEC UN ADULTE

Matériel

- ✓ Un citron
- ✓ Un verre
- ✓ De l'eau

2

Bien sûr, votre verre d'eau doit avoir un diamètre supérieure à celui du citron. Remplissez le verre d'eau et intégrez le citron. Flotte-t-il ou coule-t-il ?

Il flotte, bien sûr ! Ce qui indique que sa densité est inférieure à celle de l'eau : pour un même volume, le citron à une masse inférieure à l'eau.

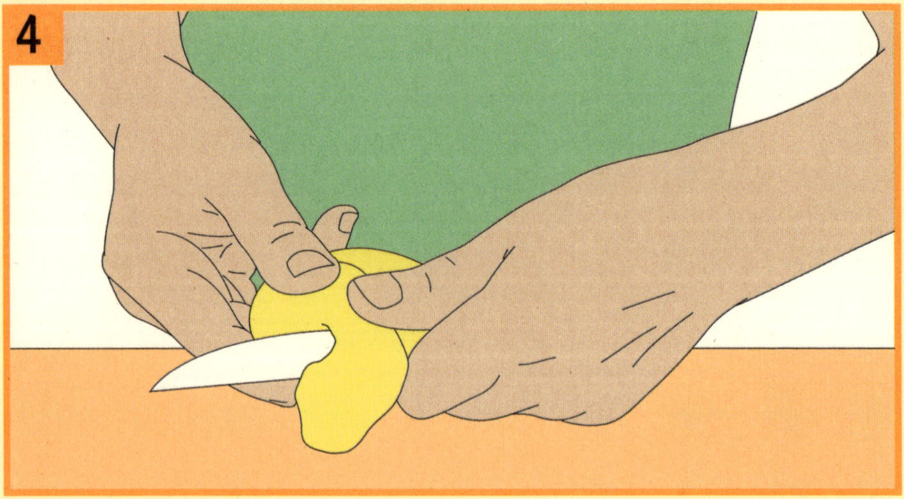

Sortez le citron du verre, débarrassez-le de son écorce et de la peau blanche qui entoure la chair. Vous pourrez toujours en faire des zestes pour vos mets.

À savoir

Les aliments riches en eau sont moins denses en énergie et sont conseillés chez les personnes en surpoids. Au contraire, les aliments pauvres en eau sont généralement plus riches en énergie, comme les pâtes et légumes secs, mais doivent être cuits dans l'eau, ce qui réduit leur densité énergétique.

5

En enlevant l'écorce, vous avez modifié la masse du citron. Plongez le citron ainsi dénudé dans le verre d'eau. Flotte-t-il toujours ? Observez bien.

Résultat

6

Le citron coule au fond du verre. Sa densité est donc devenue supérieure à celle de l'eau. En effet, c'est son écorce qui lui permettait de flotter, elle contient de nombreuses bulles d'air qui le maintenaient à la surface, un peu comme une bouée permet de flotter sur l'eau. Il ne vous reste plus qu'à retirer le citron, à le presser et à en faire une bonne citronnade !

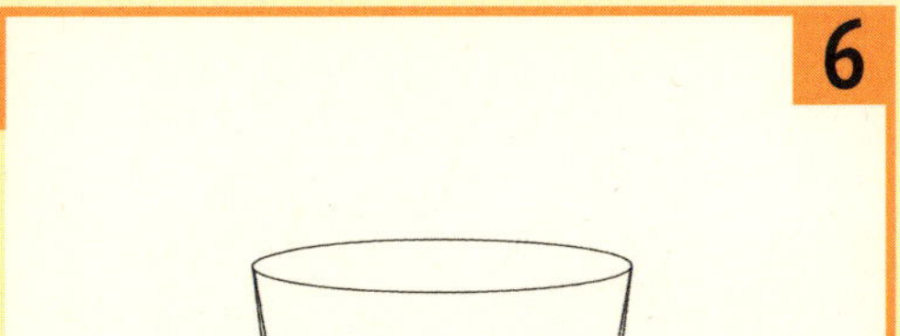

La balle coincée

La balle de ping-pong est très légère, elle ne pèse que 2,7 g pour un diamètre de 4 cm. Sa coque en Celluloïd, très rigide, permet aux pongistes de réaliser des effets de rebonds surprenants. Elle flotte, mais vous allez réussir à la maintenir sous l'eau avec un entonnoir. Trouvez une balle et foncez dans votre cuisine.

Matériel

- ✓ Un entonnoir
- ✓ Une balle de ping-pong
- ✓ De l'eau

2

Placez l'entonnoir sous un robinet et faites couler l'eau. Déposez la balle de ping-pong : elle flotte à la surface de l'eau en tournant sur elle-même.

Il s'agit ici de placer la balle dans l'entonnoir avant d'ouvrir le robinet. Faites couler l'eau sur la balle : elle reste coincée au fond de l'entonnoir.

Fermez le robinet avant que l'eau ne déborde. La balle reste au fond mais laisse échapper un peu d'eau, car l'entonnoir n'est pas parfaitement conique.

À savoir

Si un corps est immergé, la valeur de la poussée d'Archimède dépend du volume d'eau déplacé. Un plongeur coulera plus rapidement à partir d'une certaine profondeur. En effet, la pression est telle que la combinaison du plongeur se comprime et occupe moins de volume, ainsi la poussée diminue.

5

L'eau continue à s'échapper, alors avant qu'il n'y en ait plus, bouchez l'embout de l'entonnoir avec l'index. La fuite est stoppée, mais que va-t-il se passer ?

Résultat

La balle remonte tout de suite à la surface ! C'est grâce à la poussée d'Archimède, mais pourquoi n'est-elle pas remontée avant ? Car l'eau exerce une pression supérieure à l'air se trouvant sous la balle. Lorsque vous avez bouché l'entonnoir, de l'eau s'est placée sous la balle compensant la pression du dessus : la poussée d'Archimède propulse la balle vers le haut.

6

L'œuf contorsionniste

Encore une nouvelle expérience mettant en évidence la compressibilité de l'air, mais atypique. Un œuf cuit dix minutes dans l'eau bouillante et a une consistance caoutchouteuse. Vous pouvez même le faire rebondir sur une table. Mais peut-il passer à travers le goulot d'une carafe sans le toucher ?
Tentez le coup !

À FAIRE AVEC UN ADULTE

Matériel

✓ Un œuf
✓ Une casserole d'eau bouillante
✓ Une carafe
✓ Un saladier d'eau
✓ Des glaçons
✓ Une manique

2

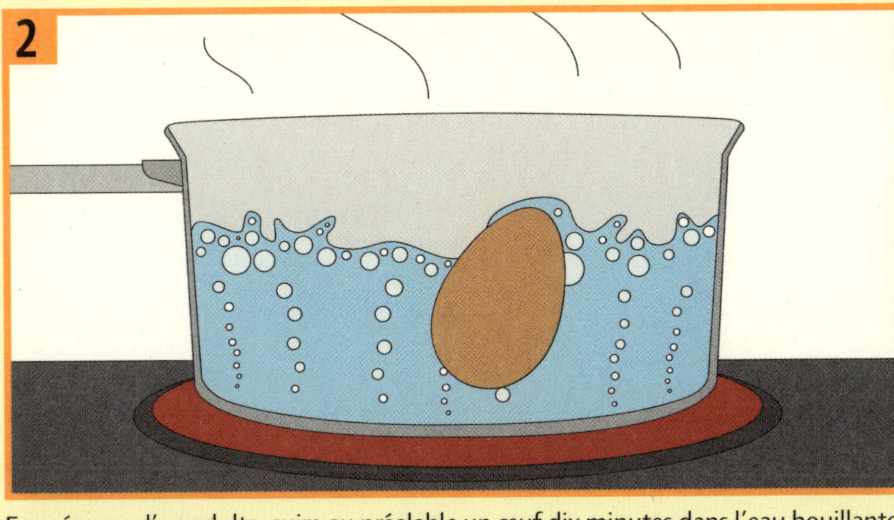

En présence d'un adulte, cuire au préalable un œuf dix minutes dans l'eau bouillante. Sortez l'œuf, laissez refroidir puis débarrassez-vous de sa coquille.

Versez beaucoup d'eau dans un saladier et mettez le plus de glaçons possible afin d'obtenir de l'eau glacée. Placez la carafe dans l'eau bouillante.

Comme vous avez laissé la carafe dans l'eau bouillante au moins cinq minutes, l'air à l'intérieur est maintenant à bonne température et s'est dilaté.

À savoir

Pourquoi l'œuf durcit ? Le blanc d'œuf est constitué de protéines qui, chauffées, se réordonnent et coagulent. Mais si on le chauffe trop, le blanc et le jaune durcissent et deviennent verts ! Cette couleur apparaît grâce à la libération de soufre associée à une odeur très désagréable d'« œuf pourri ».

5

Déposez l'œuf sur le goulot de la carafe puis saisissez celle-ci à l'aide de la manique. Placez tout de suite la carafe dans l'eau glacée. Observez, c'est magique !

Résultat

Doucement l'œuf rentre dans la carafe pour tomber à l'intérieur. L'œuf posé sur le goulot faisait office de bouchon. En même temps, l'air à l'intérieur s'est refroidi par contact de l'eau glacée sur la paroi. Il s'est contracté et a aspiré l'œuf. Seule la texture de l'œuf cuit permet de réussir cette expérience. Il ne vous reste plus qu'à sortir l'œuf maintenant.

6

Les matériaux composites

Les matériaux ont des propriétés physiques différentes. L'eau pure et le sel pris séparément ne conduisent pas le courant, alors que l'eau salée le conduit parfaitement. Introduire du carbone dans du fer crée de l'acier avec des propriétés étonnantes. Mais qu'en est-il de la combinaison du papier toilette et de l'eau ?

Matériel

✓ Un rouleau de papier toilette
✓ Une assiette creuse
✓ De l'eau
✓ Un congélateur
✓ Une cuillère en bois

2

Versez l'eau dans l'assiette et placez celle-ci dans le congélateur le temps nécessaire à la formation de glace. Sortez l'assiette et démoulez le bloc de glace.

Posez la glace sur la table et frappez-la avec la cuillère en bois : elle se brise en morceaux, car l'eau à l'état solide est très rigide et donc fragile.

3

4

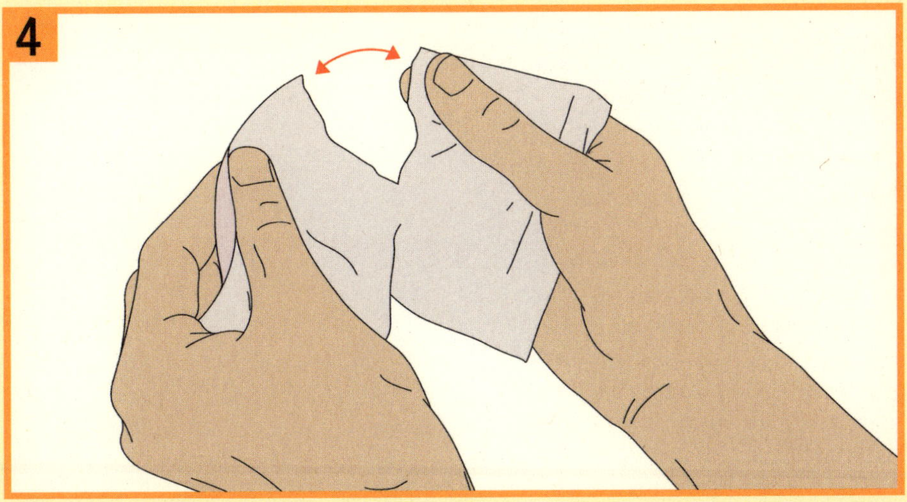

Superposez quelques feuilles de papier toilette. Vous pouvez déchirer l'ensemble sans peine, c'est très fragile. Et si vous l'associiez à la glace ?

À savoir

Le pare-brise est élaboré à partir de verre feuilleté. Il est composé de plusieurs couches de verre intercalées de feuilles en matière plastique. Ainsi, le verre feuilleté résiste à l'impact et, lors d'un choc, il se fendille et ne se casse pas : le verre reste en place sans altérer la visibilité.

5

Déposez dans l'assiette au moins 20 feuilles de papier toilette, couvrez d'eau et mettez au congélateur. Démoulez le solide et frappez-le avec la cuillère.

Résultat

6

Vous pouvez taper comme une brute, vous avez du mal à le briser ! C'est la combinaison de la glace et du papier toilette qui le rend beaucoup plus résistant. Les fibres du papier prises dans la glace absorbent les chocs et empêchent le bloc de glace de se briser en mille morceaux ! Vous avez confectionné un matériau composite, un peu comme le verre d'un pare-brise.

Implosion de canette

Une canette de soda est une boîte métallique en aluminium ou en fer-blanc. Ces matières permettent d'éviter la corrosion. La forme cylindrique de la canette offre une grande résistance et, si vous vous postez dessus sur un pied, elle résistera au poids… mais un simple choc sur le côté et elle se froissera comme un chiffon !

À FAIRE AVEC UN ADULTE

Matériel

- ✓ Une canette vide
- ✓ Une casserole d'eau bouillante
- ✓ Un grand saladier
- ✓ Des glaçons
- ✓ Une pince
- ✓ Du ruban adhésif
- ✓ De l'eau

2

Dans un grand saladier rempli d'eau, versez autant de glaçons que vous pouvez. Laissez reposer au moins trente minutes afin que l'eau soit glacée.

Versez de l'eau dans une casserole et à l'intérieur de la canette de sorte qu'elle reste verticale dans l'eau. Portez l'eau à ébullition.

Appliquez un morceau de ruban adhésif sur l'ouverture. Au bout de quelques minutes, l'eau à l'intérieur de la canette bout : de la vapeur d'eau se dégage.

À savoir

Avant 1980, les canettes étaient confectionnées avec un anneau qui se détachait lors de l'ouverture. Mais, jetés dans la nature, ils causaient par les bords tranchants des blessures aux pieds, en particulier sur les plages. Depuis, les industriels ont trouvé le moyen de maintenir attaché l'anneau au couvercle.

5

Approchez le saladier puis, avec la pince, saisissez le couvercle de la canette, retirez-la de l'eau et plongez-la, couvercle en premier, dans l'eau glacée.

Résultat

La canette implose dans un bruit de froissement de tôle ! Pourquoi ? L'air chaud occupe un plus grand volume que l'air froid. Quand vous plongez la canette dans l'eau glacée, l'air emprisonné se refroidit et se contracte : la canette est compressée comme si vous la serriez dans votre main. Par sécurité, l'emploi de la pince et du ruban adhésif est primordial.

6

C'est trouble ou pas ?

Les alcools anisés sont fabriqués à partir de sucre, d'alcool et d'extraits de plantes comme la réglisse et l'anis. Ajoutées à de l'eau, les huiles essentielles forment des microgouttelettes au milieu de l'eau, ce qui donne à la boisson cet aspect laiteux. Avec l'aide d'un adulte, vous allez comprendre ce phénomène.

Matériel

- ✓ Un verre
- ✓ De l'eau
- ✓ Un apéritif anisé alcoolisé
- ✓ Du liquide vaisselle incolore

2

Versez un peu d'apéritif anisé dans un verre, pas trop, juste l'équivalent d'un bouchon. Ajoutez l'eau. La boisson se trouble : c'est une émulsion.

La boisson troublée n'est pas stable. Si vous attendiez plusieurs heures, vous observeriez une séparation, les minigouttelettes se déposeraient au fond.

En réalité, son aspect si laiteux est dû au fait que les gouttelettes ont une taille de l'ordre du millième de millimètre et réfléchissent la lumière.

À savoir

De nombreux produits alimentaires sont des émulsions. C'est le cas, par exemple, de la vinaigrette et de la mayonnaise. Quand vous battez de l'huile et un œuf avec un fouet, l'huile est divisée en petites gouttelettes qui se retrouvent emprisonnées dans le peu d'eau qu'il y a et vous obtenez une sauce ferme.

Peut-on la « détroubler » rapidement ? Oui ! Imprégnez un doigt de liquide vaisselle puis trempez-le dans la boisson. Remuez le doigt jusqu'à…

Résultat

… ce que la solution s'éclaircisse ! Et ce, en quelques secondes ! Lorsque vous avez ajouté un peu de liquide vaisselle, les molécules du produit se sont fixées aux microgouttelettes et le tout est devenu soluble. Voici une expérience que vous pouvez réaliser entre amis et en présence d'adultes, mais surtout ne buvez pas le mélange.

Le ballon fusée

Gonflez un ballon et lâchez-le : il part dans tous les sens avec un bruit bizarre… Et si vous canalisiez cette énergie ? À l'aide d'un bout de ficelle et d'une paille, vous allez réaliser une petite fusée propulsée à l'air et, en même temps, vérifier la troisième loi de Newton. Soyez sans crainte, c'est sans danger.

Matériel

- ✓ Un ballon de baudruche
- ✓ Une paille
- ✓ Du ruban adhésif
- ✓ Du fil à coudre
- ✓ Une pince à linge

2

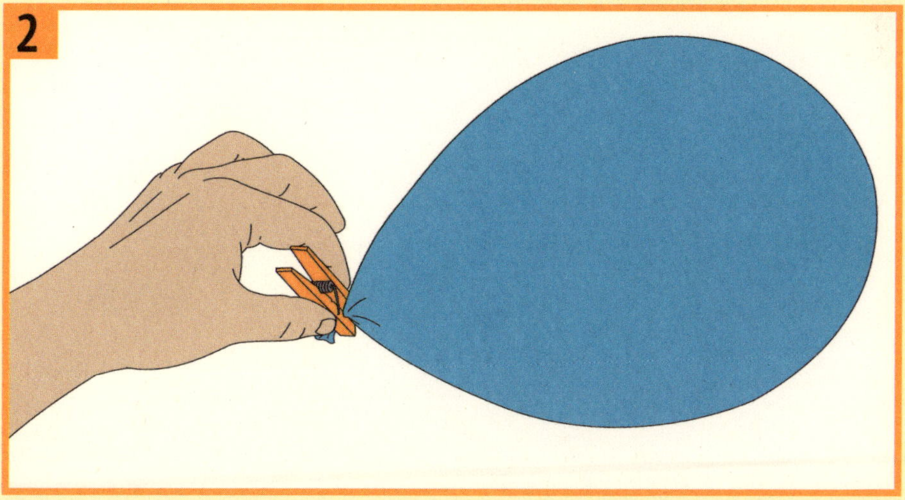

Gonflez le ballon de baudruche au maximum, mais ne faites pas un nœud, attachez l'embout à l'aide d'une pince à linge. Vérifiez que l'air ne s'échappe pas.

Coupez une longueur de fil d'environ 5 m et passez-le dans la paille. Il vaut mieux s'aider d'un petit bâton ou d'un trombone pour l'enfiler.

3

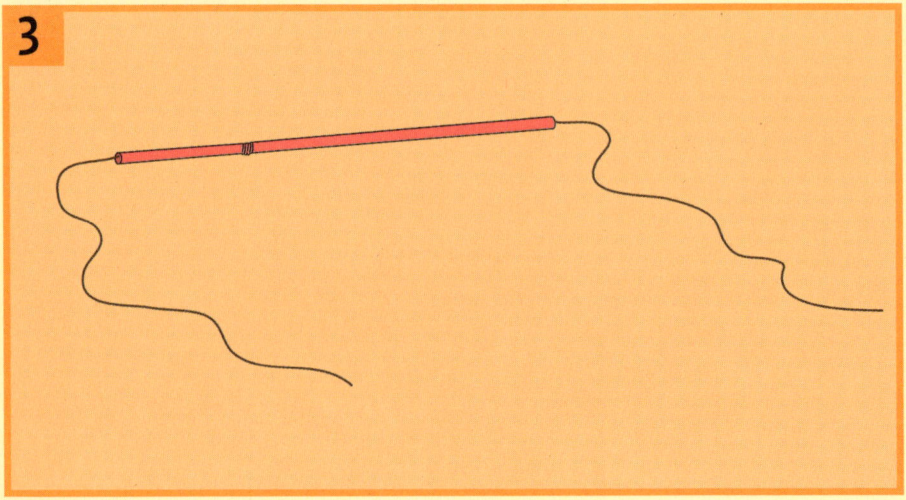

4

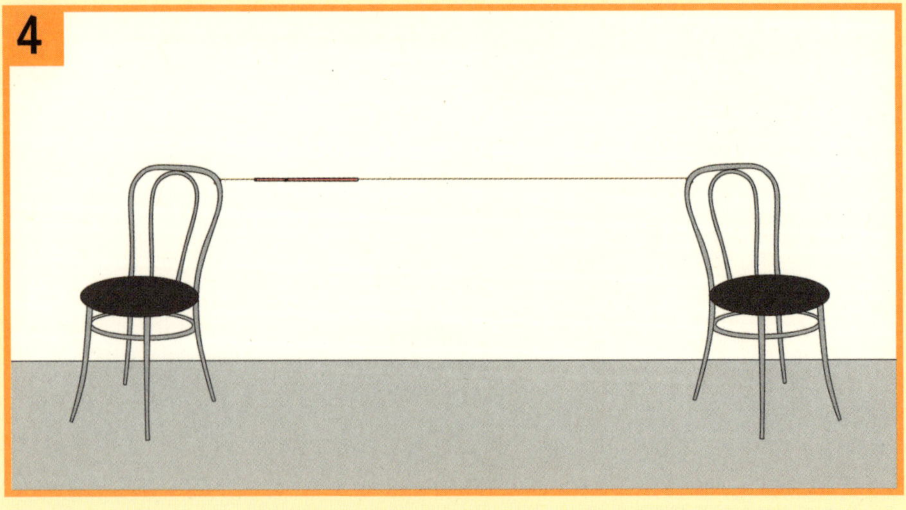

Attachez le fil à deux endroits, comme à une porte et à un lustre ou à deux dossiers de chaises. Tendez le fil au maximum, la paille libre de mouvement.

À savoir

La propulsion par réaction est utilisée pour déplacer les fusées, mais les pieuvres la manient aussi très bien ! De l'eau pénètre dans une cavité située du côté ventral de leur corps puis des muscles se contractent et expulsent l'eau. Le courant ainsi créé propulse l'animal dans la direction opposée.

5

Attachez le ballon à la paille à l'aide du ruban adhésif, l'embout étant tourné vers une extrémité du fil. Il ne vous reste plus qu'à retirer la pince.

Résultat

Le ballon laisse s'échapper l'air et glisse sur le fil, il traverse même toute la pièce ! Comment est-ce possible ? Par le principe d'action et réaction : l'air contenu dans le ballon exerce une force répartie sur l'ensemble de l'enveloppe et lorsque vous enlevez la pince, la force de l'air sur l'embout devient nulle ; il y a déséquilibre et le ballon est propulsé.

6

Le riz accrocheur

Il existe différents types de frottements : les frottements fluides et les frottements solides. L'exemple d'un livre posé sur une table est très instructif. Vous inclinez la table et à partir du bon angle, le livre se met à glisser. Quel est, entre la farine et le riz, la substance qui exerce le plus de frottements ? Vous allez le découvrir.

Matériel

✓ 2 bouteilles en plastique de 50 cl
✓ Une pique à brochette
✓ Du riz
✓ De la farine
✓ Un entonnoir

2

Remplissez une bouteille de farine, ce sera plus facile avec l'entonnoir. Assurez-vous qu'il n'y a aucune trace d'humidité sinon la farine ne passera pas !

Plantez la pique à brochette dans la farine. Elle s'enfonce sans trop forcer. Retirez-la. La pique s'est enlevée sans peine, les frottements sont faibles.

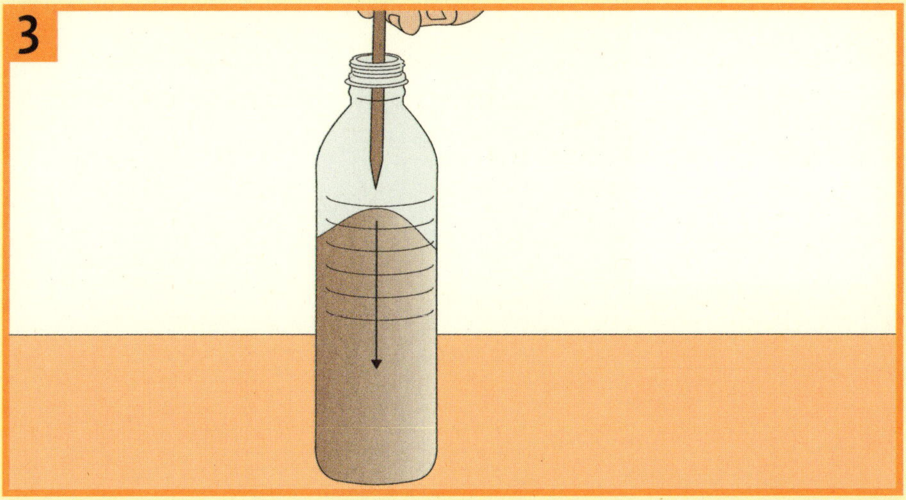

Prenez la seconde bouteille et remplissez-la de riz jusqu'en haut. Effectuez cette opération avec l'entonnoir, sinon vous allez répandre du riz partout !

À savoir

Lorsqu'un objet se déplace dans l'air, il est soumis par ce dernier à des frottements dus à sa viscosité. Ces frottements sont proportionnels à la vitesse et deviennent importants pour des vitesses élevées, d'où les économies de carburant que l'on peut réaliser en levant le pied de l'accélérateur.

5

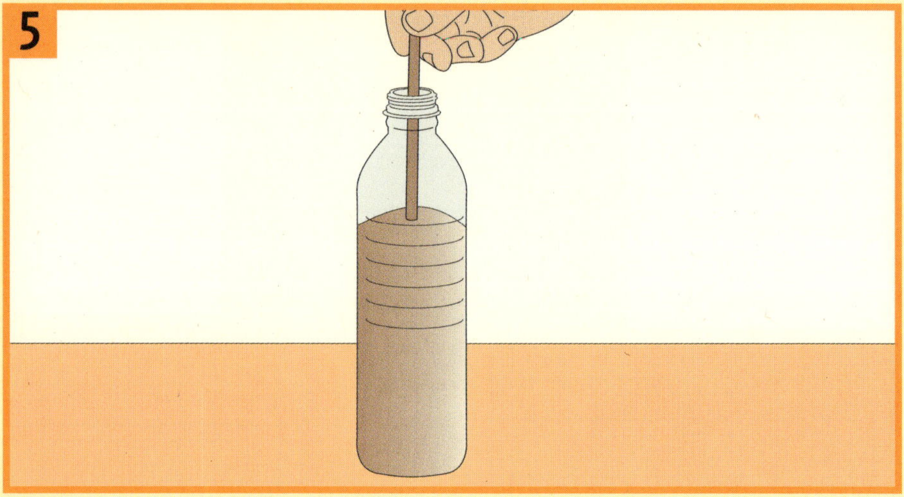

Plantez la pique dans le riz. Cette fois, c'est un peu plus difficile, en effet le riz offre plus de résistance. Maintenant essayez de retirer la pique. Alors ?

Résultat

La pique reste solidaire du riz et donc de la bouteille ! C'est très simple : lorsque vous plantez la pique, les grains de riz frottent sur les parois de la bouteille et, en même temps, sur la pique. Ces frottements sont supérieurs au poids de la bouteille et vous soulevez le tout en tirant sur la pique. Cela ne fonctionne pas avec la farine ni avec le sucre en poudre.

6

Le tube de gros sel

Tomber sur du béton, du sable mouillé ou sur de la paille ne fait pas le même effet, ça ne cause surtout pas la même douleur ! Certains matériaux ont la capacité d'amortir les chocs en absorbant l'énergie et en la répartissant dans tous les sens. Vous allez voir ce qu'une poignée de gros sel est capable de faire, c'est impressionnant.

Matériel

✓ Du gros sel
✓ Un tube en carton
✓ 2 feuilles de papier essuie-tout
✓ Un élastique
✓ Un manche à balai

2

Pour cette expérience, il suffit d'un tube en carton de papier essuie-tout. Attachez à une extrémité une feuille de papier absorbant avec un élastique.

Prenez votre manche à balai et enfoncez-le dans le tube. Sans trop d'effort, vous traversez la feuille de papier, elle offre peu de résistance.

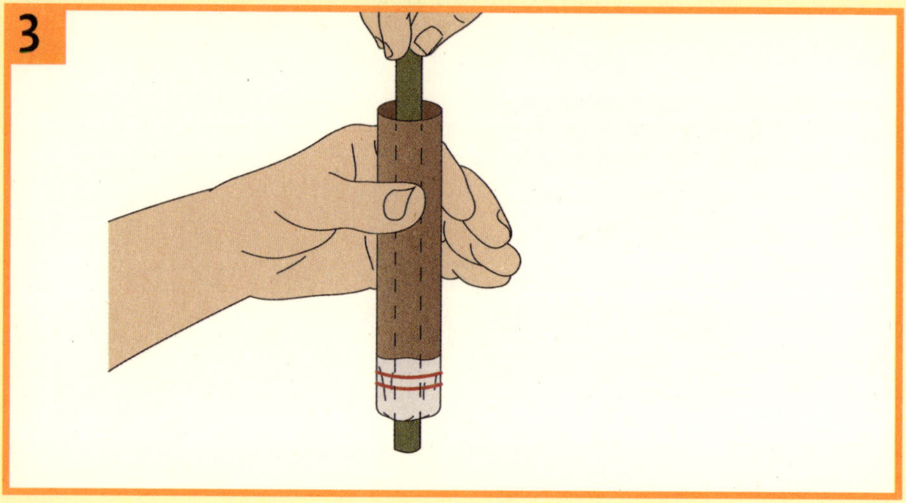

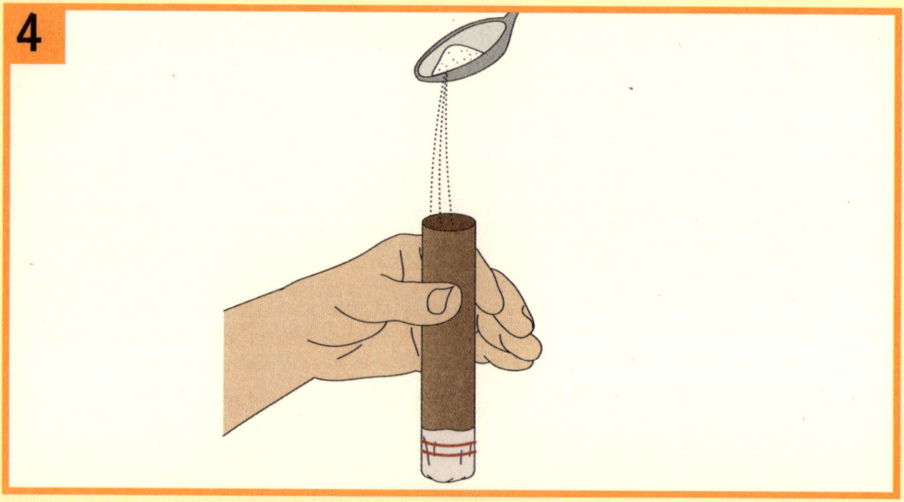

Prenez une nouvelle feuille et attachez-la avec l'élastique comme à la première étape. Mettez du gros sel dans le tube afin de le remplir à moitié.

À savoir

Cela ne fonctionne qu'avec du gros sel. Essayez avec de la farine et vous allez traverser la feuille. La police scientifique analyse les projectiles d'armes à feu en les lançant dans des bacs à sable : les balles sont stoppées presque immédiatement, toute l'énergie étant absorbée par le sable.

5

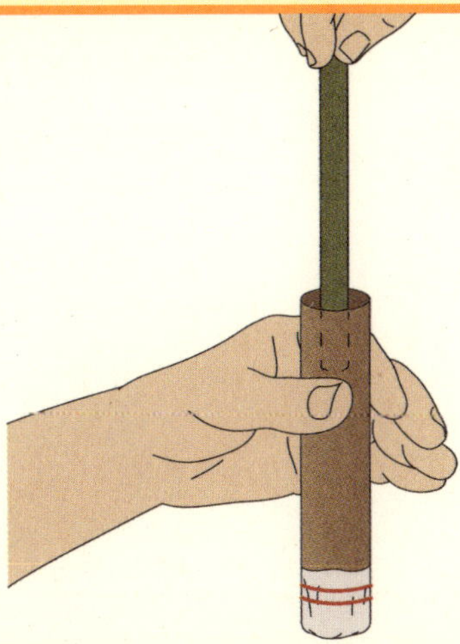

Pour l'instant, la feuille tient le coup, même sous le poids du sel. Enfoncez de nouveau le manche à balai à l'intérieur, n'ayez pas peur de forcer.

Résultat

Vous pouvez forcer, la feuille de papier essuie-tout ne bouge pas ! Ce n'est pas du papier magique, c'est le gros sel qui l'empêche de se déchirer. En effet, il y a de l'air entre les grains de sel et lorsque vous frappez dessus, l'onde de choc est diffusée par l'espace entre eux. L'onde de choc est quasiment nulle au niveau de la feuille, qui ne se déchire pas.

6

La traversée du glaçon

L'eau peut être liquide ou solide. Généralement, la limite entre les deux états est à 0 °C, mais cela peut changer suivant la pression. Il s'agit ici de mettre en évidence ce phénomène. Pour cette expérience, il vous faut un environnement froid, comme un grand congélateur ou l'extérieur si la température est assez basse.

À FAIRE AVEC UN ADULTE

Matériel

- ✓ Une bouteille en verre
- ✓ De l'eau
- ✓ Un gros glaçon
- ✓ Du fil de pêche
- ✓ Un grand congélateur
- ✓ Deux masses de 1 kg

2

Coupez une longueur de fil et attachez les masses aux extrémités. Ajustez la longueur du fil afin que les masses puissent pendre des côtés du goulot.

Mettez de l'eau dans la bouteille pour la lester puis placez le glaçon sur le goulot. Plus le glaçon sera gros, plus les masses devront être importantes.

Posez le fil sur le glaçon au centre. Les deux masses doivent pendre de chaque côté de la bouteille afin que toute la pression s'exerce sur la glace.

À savoir

Vous vous êtes déjà demandé pourquoi les glaciers glissaient sur le flanc de la montagne ? Eh bien, comme la glace en contact avec le sol est à une pression très importante, due à la masse du glacier, elle fond et crée une couche d'eau. Elle agit comme un lubrifiant et le glacier glisse dessus.

5

Maintenant, mettez le dispositif dehors s'il gèle ou placez-le dans le congélateur, sinon le glaçon risque de disparaître. Allez observer de temps en temps.

Résultat

Le fil de pêche va traverser le glaçon sans que celui-ci soit coupé en deux ! La raison vient du fait que le fil exerce une forte pression sur la glace, ce qui provoque localement la fonte de la glace se trouvant dessous. Il la traverse donc progressivement, mais comme derrière lui l'eau se solidifie de nouveau sous l'action du gel : le glaçon n'est pas coupé en deux.

6

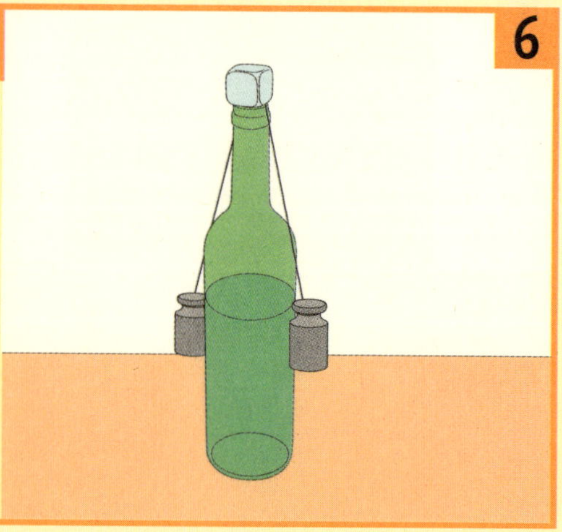

L'éponge aspirante

Lorsque le fer ou l'acier entrent en contact avec l'eau, un processus chimique lent commence. Sur la surface du métal se crée la rouille, de couleur brun-rouge. Mais l'eau est-elle la seule responsable de cette oxydation ? Ou est-ce seulement un catalyseur, accélérateur de réaction ? Vous allez maintenant le découvrir.

Matériel

- ✓ Un tampon de laine de fer
- ✓ Un verre
- ✓ De l'eau
- ✓ Une assiette creuse

2

Pour commencer, versez de l'eau dans une assiette. L'idéal est d'utiliser une assiette creuse afin d'y mettre au moins 2 cm de liquide.

Vous pouvez trouver des tampons de laine de fer dans n'importe quelle droguerie du coin. Placez-en un au fond du verre de telle sorte qu'il soit coincé.

3

4

Vous devez maintenant retourner le verre sur le récipient. Rien ne se passe pour l'instant, car la réaction chimique est lente. Il va falloir être patient !

À savoir

La formation de rouille sur la surface d'un objet en fer est une corrosion, en fait une oxydation. Autre exemple : la formation de vert-de-gris sur le cuivre, le bronze ou le laiton. La corrosion est un problème pour l'industrie, son coût est énorme et concerne le remplacement des pièces corrodées.

5

Placez l'ensemble dans un endroit fermé tel un placard. Cela vous évitera d'être à l'affût du moindre changement. Il faut patienter au moins vingt-quatre heures…

Résultat

De la rouille se forme lentement sur la laine de fer et le niveau d'eau baisse dans l'assiette. De plus, le niveau d'eau dans le verre a augmenté. La rouille est produite par l'association du fer, de l'oxygène et de l'eau. Pour se former, la rouille a consommé de l'oxygène, ainsi il y en a moins dans le verre, et comme il faut combler le vide créé, l'eau est aspirée.

6

Les allumettes aspirées

La capillarité est la capacité d'un liquide à s'infiltrer, contre la gravité, le long d'un tube très fin. Mais vous pouvez aussi observer ce phénomène lorsque l'eau monte dans une éponge ou encore lors de la montée de la cire fondue dans une mèche. Avez-vous déjà trempé un sucre dans du café ? Qu'avez-vous observé ?

Matériel

- ✓ Une assiette plate
- ✓ Un morceau de sucre
- ✓ De l'eau
- ✓ Des allumettes

2

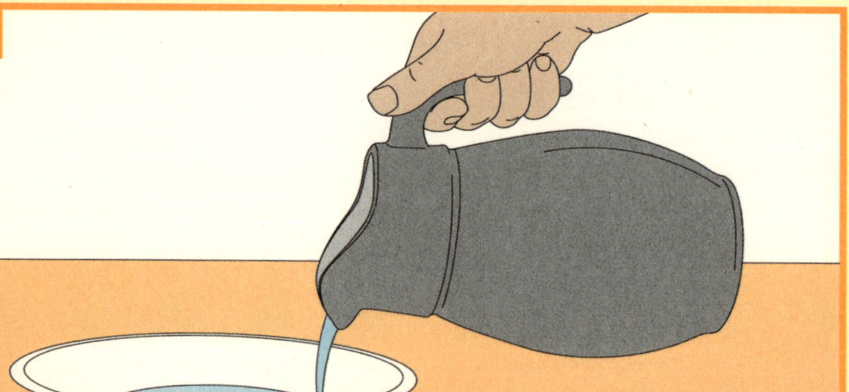

Versez de l'eau dans l'assiette à hauteur de 1 cm. N'en mettez surtout pas plus, le dénouement de l'expérience ne serait pas celui voulu.

Disposez cinq allumettes en étoile en partant du centre de l'assiette, comme sur le schéma présenté. Faites-le lorsque l'eau versée est totalement immobile.

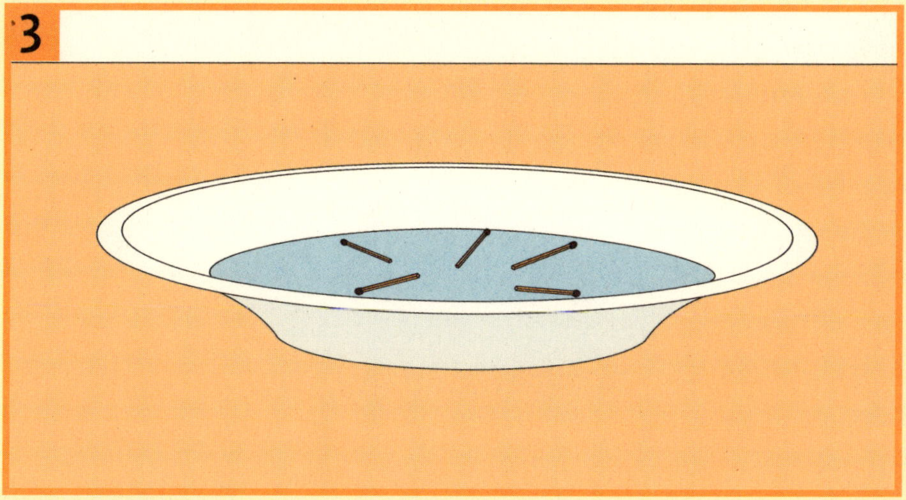

Comme vous pouvez le voir, rien ne se passe, les allumettes se gonflent légèrement d'eau mais ne bougent pas. Comment pourriez-vous les bouger ? En soufflant ?

À savoir

Quelle est la différence entre un stylo à plume et un stylo à bille ? L'encre du stylo à plume monte par capillarité jusqu'à l'extrémité, entre les fines lames. En revanche, pour le stylo à bille, l'encre tombe par gravité sur la petite bille. Voilà pourquoi vous pouvez écrire avec un stylo à plume au plafond !

5

Déposez un sucre au milieu de l'assiette, au centre des allumettes, et observez bien ce qui va se passer. Le sucre va fondre, c'est certain, mais aussi…

Résultat

6

… les allumettes sont attirées vers le centre de l'assiette. L'eau remonte dans le sucre par capillarité, cela génère ainsi un courant qui va des bords de l'assiette au centre, vers le sucre. C'est ce courant qui entraîne les allumettes. Malheureusement, ce phénomène ne dure que quelques instants, puis le sucre se met à fondre.

Le pop-corn

Eh bien non, ce n'est pas du pop-corn que vous allez réaliser ici, mais vous allez reproduire le saut des grains de maïs. Avec un peu d'aluminium, un ballon et quelques frottements : voici une nouvelle expérience d'électricité statique. Cette électricité est présente au quotidien autour de nous et peut être parfois désagréable.

Matériel

- ✓ Du papier aluminium
- ✓ Un ballon de baudruche
- ✓ Du ruban adhésif

2

Pour commencer, placez sur une table une large feuille de papier aluminium et fixez la feuille avec du ruban adhésif. Ce sera le potentiel de référence.

Découpez des petits morceaux de feuille d'aluminium et faites-en des boulettes d'environ 5 mm de diamètre. Elles doivent être très légères.

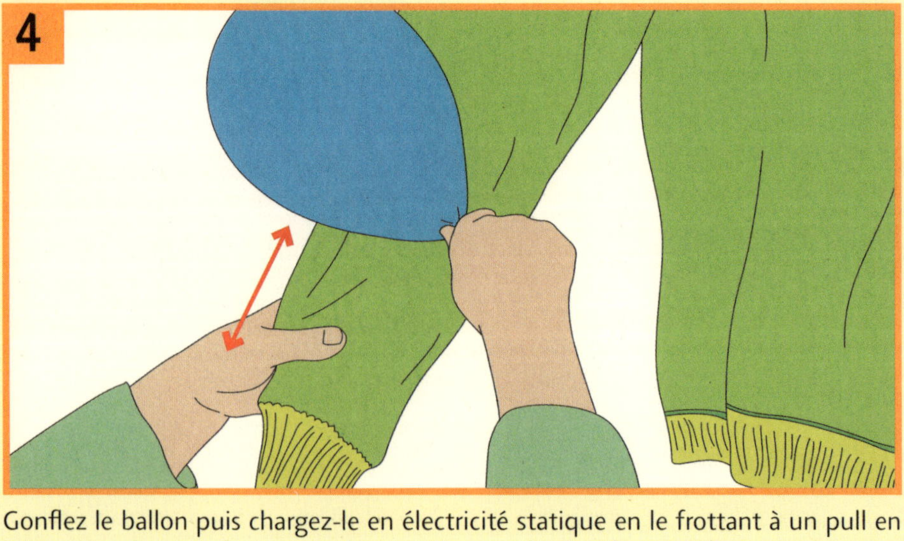

Gonflez le ballon puis chargez-le en électricité statique en le frottant à un pull en laine. Vous devez le frotter pendant une bonne dizaine de secondes.

À savoir

Le pop-corn est du maïs soufflé. Dans les grains se trouve de l'eau et, lorsqu'elle atteint sa température d'ébullition, l'enveloppe monte en pression et la membrane finit par rompre. L'eau restante s'évapore et l'amidon contenu à l'intérieur subit une expansion jusqu'à 30 fois son volume !

5

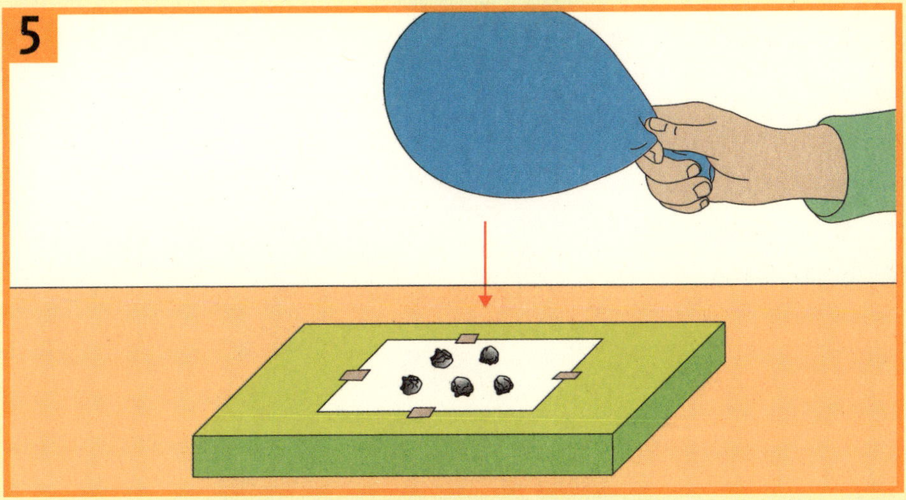

Placez les boulettes d'aluminium sur la feuille et approchez le ballon à quelques centimètres au-dessus. Si les boules sont assez petites et légères alors…

Résultat

… elles sautent comme du pop-corn ! L'électricité statique agit comme un aimant, mais le phénomène est temporaire. En frottant le ballon, vous le chargez négativement alors que les boulettes d'aluminium ne sont pas chargées. Lorsque vous l'approchez, il attire les boulettes puis les charge et elles finissent par retomber. Elles font même plusieurs va-et-vient.

6

La fibre optique

Dans l'air, un rayon de lumière se déplace en ligne droite, mais s'il change de milieu, sa direction change. Vous pouvez l'observer au bord d'une piscine, lorsque vous plongez un bâton dans l'eau, vous avez l'illusion d'une cassure. La lumière a encore beaucoup de propriétés, dont une utilisée par la fibre otique.

Matériel

✓ Du fil de Nylon
ou fil de pêche
✓ Une boîte à chaussures
✓ Une paire de ciseaux
✓ Une lampe de poche
✓ Du ruban adhésif

2

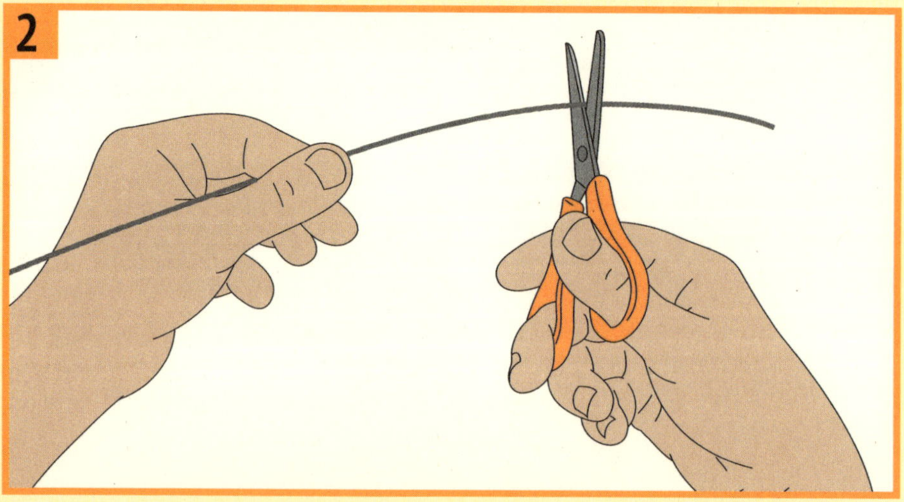

Cela va prendre du temps, mais découpez une cinquantaine de fils de Nylon. Ils doivent tous avoir la même longueur, soit une quinzaine de centimètres.

Prenez tous les fils dans la main afin d'en former un fagot et liez-les à une extrémité avec du ruban adhésif. Superbe ! Cela ressemble à un palmier !

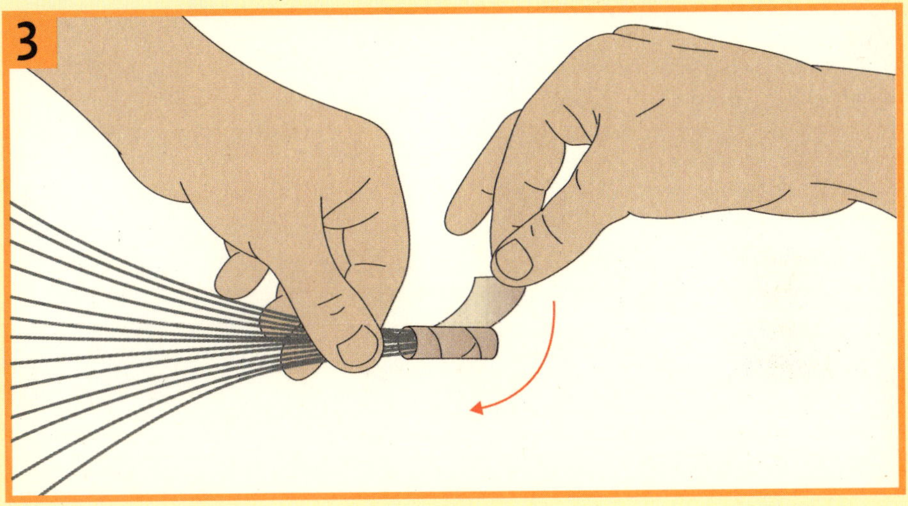

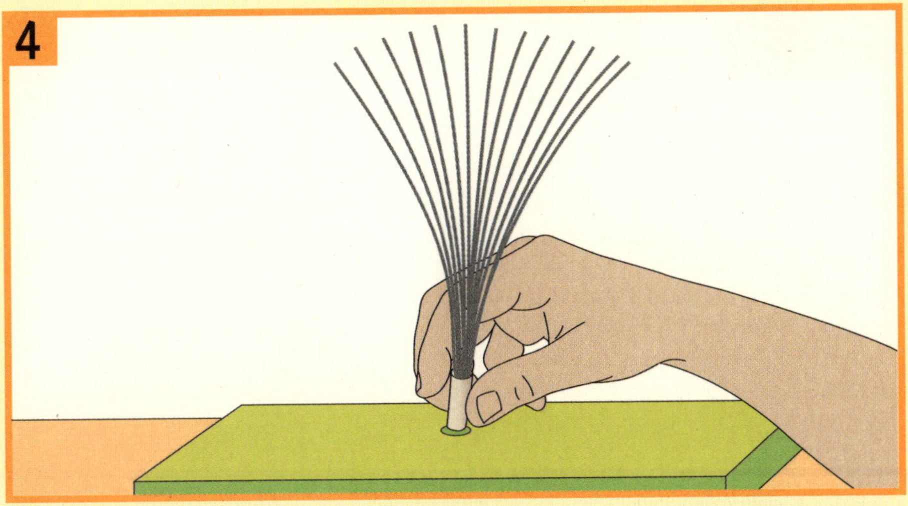

Faites un trou au milieu du couvercle de la boîte avec la paire de ciseaux, passez-y l'extrémité du fagot (1 cm seulement) et fixez bien avec du ruban.

À savoir

La fibre optique est un fil en plastique conducteur de lumière. Le principe de la fibre optique a été développé dans les années 1970. Cela permet un débit d'informations phénoménal, jusqu'à la valeur de 60 DVD par seconde ! Une valeur encore expérimentale, mais bientôt disponible dans tous nos foyers…

5

Baissez les volets, éteignez les lumières et placez la lampe de poche allumée dans la boîte à chaussures. Remettez le couvercle dessus et émerveillez-vous.

Résultat

Les pointes des fils de Nylon laissent échapper la lumière alors que si vous les observez de côté, rien ne semble sortir. La lumière de la lampe entre par les extrémités attachées des fils et les traverse jusqu'aux autres extrémités. Elle est réfléchie à l'intérieur des fils à chaque fois qu'elle rencontre les surfaces. Le fil de Nylon agit comme une fibre optique.

6

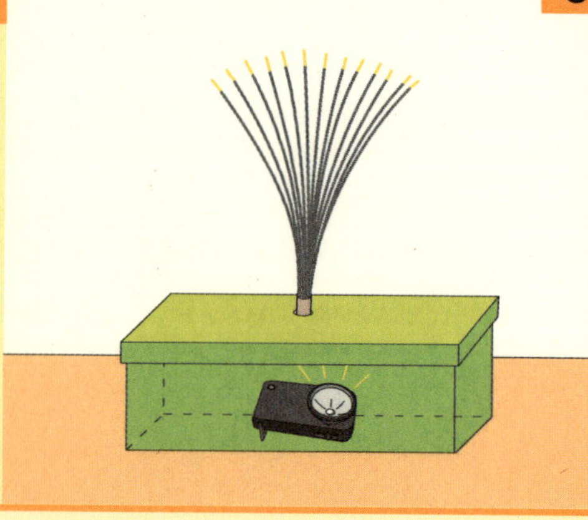

Jolies fleurs

Quoi de plus joli que des pétales de fleurs s'ouvrant aux premières lueurs du jour ? Vous allez fabriquer des fleurs en papier et recréer ce phénomène. Voici de quoi se détendre un peu avec cette expérience très sympathique que les plus jeunes peuvent réaliser avec des feuilles de papier et un peu d'eau.

Matériel

- ✓ Différentes feuilles de papier de couleur
- ✓ Une paire de ciseaux
- ✓ Une bassine
- ✓ De l'eau
- ✓ Un crayon

2

Remplissez d'eau la bassine. Ensuite, dessinez sur vos feuilles de papier des formes géométriques, comme un triangle, une étoile, une fleur ou même une rosace.

Découpez les formes que vous avez dessinées et tracez au crayon des pointillés aux endroits où vous voulez plier les « pétales ». Gardez une surface commune.

3

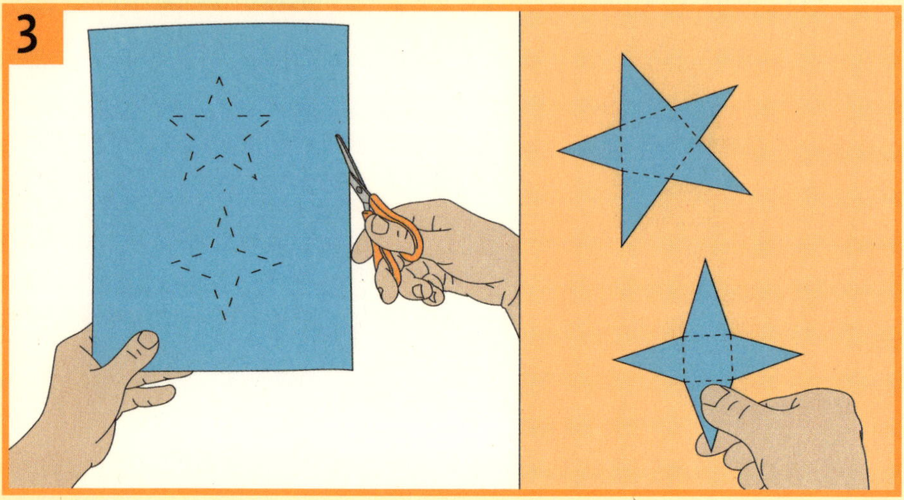

4

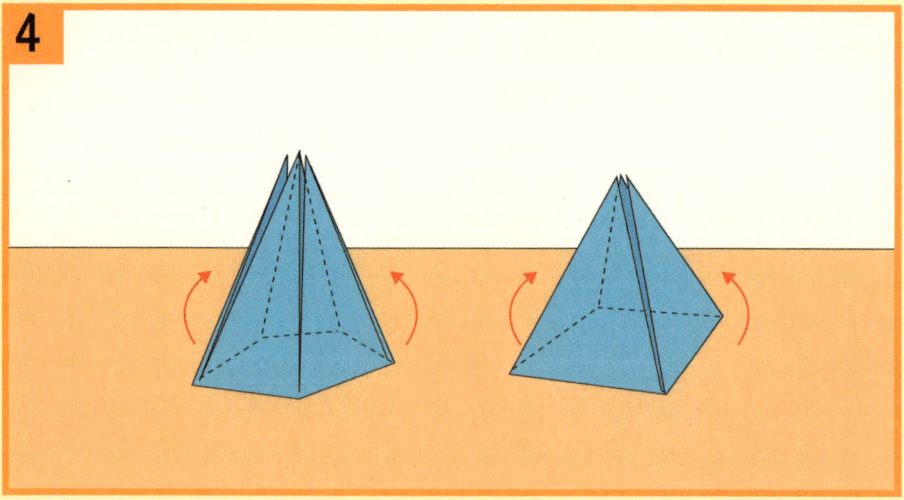

Maintenant, pliez les pointes et surtout insistez nettement sur les pliures. Le plus important est de garder une surface qui sera en contact avec l'eau.

À savoir

Comment la sève monte-t-elle dans les arbres ? Par capillarité, bien sûr, mais pas seulement. Il y a aussi la pression atmosphérique et l'évaporation de la sève des feuilles. Cette évaporation agit comme un aspirateur et permet à la sève de monter. Pour les séquoias, cela peut atteindre 100 m de haut !

5

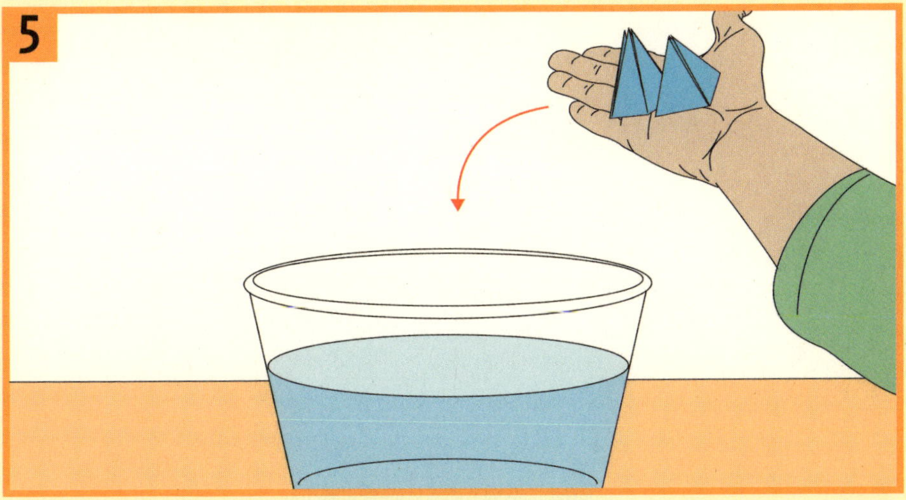

Il ne vous reste plus qu'à déposer vos « fleurs de papier » à la surface de l'eau. Le papier va absorber l'eau, mais que va-t-il se passer d'autre ?

Résultat

6

Au contact de l'eau, les fleurs de papier s'ouvrent ! Ce sont les fibres du papier qui se gonflent d'eau et se tendent, comme lorsque l'on fait passer de l'eau dans un tuyau d'arrosage. Ce phénomène, qui permet à l'eau de s'infiltrer et de remonter dans le papier, s'appelle la capillarité. C'est la capacité d'un liquide à monter dans un matériau, même contre la gravité.

La masse d'un doigt

Les balances existent depuis l'Antiquité et dans cette expérience vous allez utiliser une balance à plateaux. Avec de la chance, peut-être une de vos grand-mères en possède-t-elle une, mais si vous n'en avez pas alors vous pouvez utiliser une balance numérique. Le résultat sera moins impressionnant, mais quand même concluant.

Matériel

- ✓ Une balance à plateaux ou numérique
- ✓ Un verre d'eau
- ✓ Des contrepoids

2

Remplissez le verre d'eau et posez-le sur un plateau de la balance ou sur une balance numérique. La quantité est peu importante, la moitié du verre suffit.

Équilibrez la balance à l'aide des masses marquées ou de ce que vous avez sous la main. Si vous utilisez une balance numérique, notez la masse affichée.

L'équilibre est très instable, il suffit de poser un doigt dessus pour le rompre. Mais est-il possible de changer cette stabilité sans rien ajouter ?

À savoir

Si vous utilisez une balance numérique, la valeur affichée augmente alors légèrement. Ces balances électroniques sont d'une grande précision, elles peuvent effectuer des mesures au millième de gramme près. Précision nécessaire pour des mesures physiques, mais pas pour la cuisine…

5

Doucement, plongez l'index dans le verre d'eau et faites bien attention à ne pas toucher le verre. Que va-t-il se passer, que voyez-vous sur l'affichage ?

Résultat

La balance se déséquilibre ! Comme si vous aviez ajouté une masse supplémentaire, pourtant vous n'avez pas déposé le doigt dans le verre mais juste déplacé l'eau. C'est la poussée d'Archimède qui en est la cause. Lorsque l'index est dans l'eau, une force vers le haut s'exerce dessus et, par réaction, une autre force s'applique sur l'eau. Ainsi le plateau descend.

6

Le diapason amuseur

En musique, le diapason est un outil et non un instrument. Il permet de donner la hauteur et la fréquence d'une note, en général le *la*. Le diapason est constitué de deux lames épaisses et parallèles, soudées en forme de « U ». Les branches sont en métal et, lorsqu'on les fait vibrer, elles émettent un son.

Matériel

- ✓ **Un diapason**
- ✓ **Un verre**
- ✓ **De l'eau**

2

Vous pouvez acheter un diapason à moindre coût chez n'importe quel vendeur d'instruments. Ceci fait, frappez le diapason contre un meuble : il émet un joli *la* !

Frappez de nouveau le diapason et regardez au plus près l'extrémité des deux lames. Vous pouvez les voir vibrer, elles oscillent 440 fois par seconde !

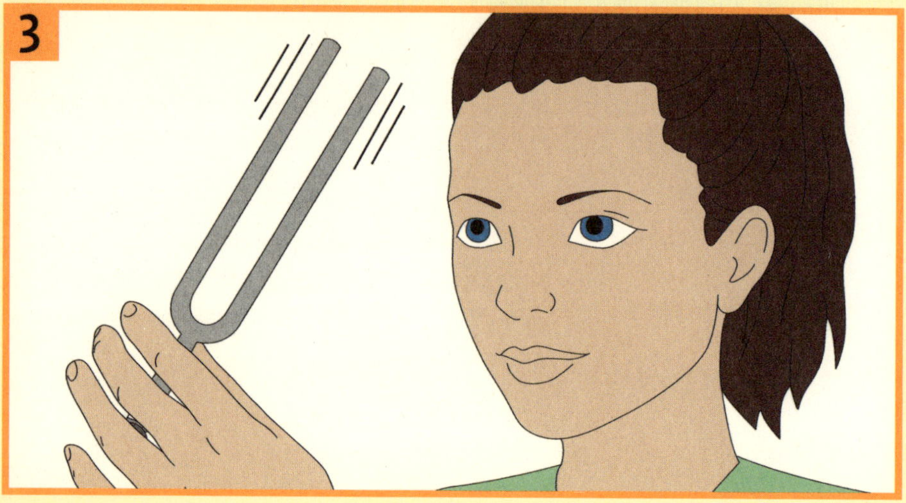

Il s'agit maintenant de mettre en évidence ces vibrations. Pour cela, vous allez remplir un verre d'eau à ras bord et le poser sur une table.

À savoir

Le diapason tel qu'on le connaît aujourd'hui n'a pas toujours été la référence du *la*. À la fin du XVe siècle, la note avait pour référence un orgue d'une cathédrale allemande et donnait un *la* plutôt aigu. C'est à partir de 1953, à Londres, qu'a été adoptée la valeur de 440 Hz.

5

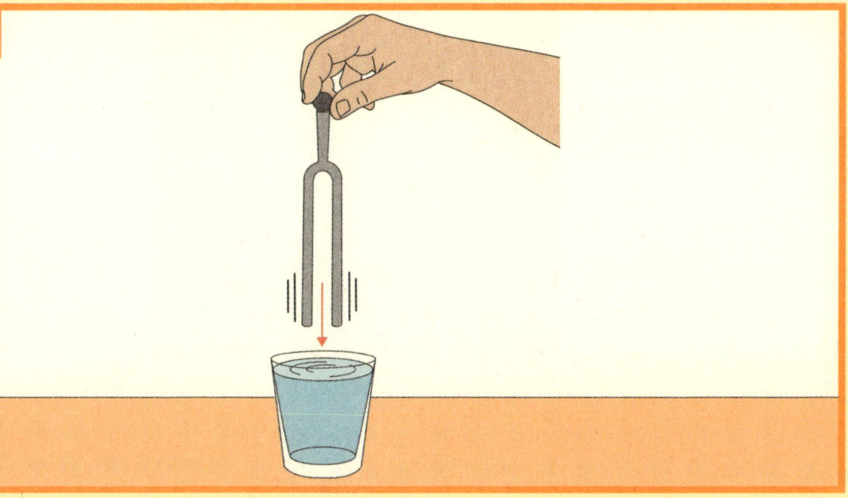

À présent, frappez encore le diapason contre un meuble et approchez doucement les deux lames à la surface de l'eau. Préparez une éponge et observez bien !

Résultat

De l'eau est projetée dans toutes les directions ! Vous avez mis en évidence les vibrations du diapason, leur fréquence est de 440 Hz, soit un mouvement de va-et-vient chaque 0,0023 seconde ! Lorsque vous l'avez plongé dans le verre, l'eau a stoppé les lames en projetant de l'eau dans tous les sens.

6

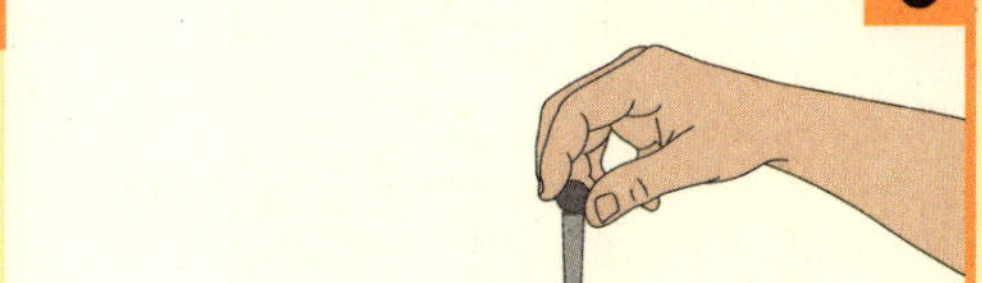

Résistance de l'air

Tous les objets n'ont pas la même capacité à pénétrer dans l'air. Jetez un kilo de plumes et un kilo de sucre du deuxième étage, ils n'arriveront pas au sol en même temps ! Faites du vélo avec un ami, l'effort sera moins intense si vous restez dans sa roue. Vous allez ici mettre en évidence cette résistance de l'air.

Matériel

- ✓ 2 feuilles de papier
- ✓ Un compas
- ✓ Une paire de ciseaux
- ✓ Du ruban adhésif

2

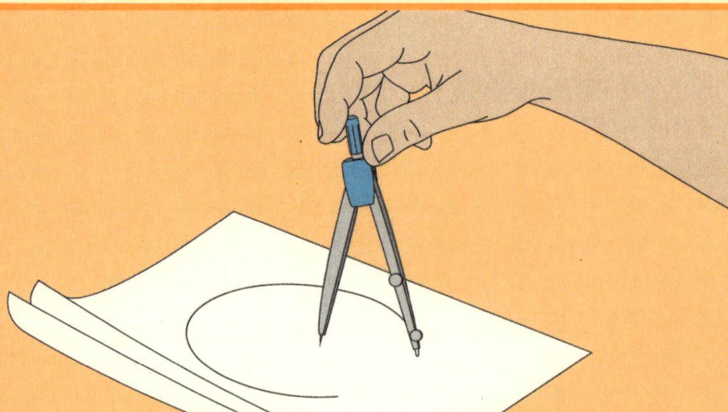

Dessinez sur chaque feuille un cercle de 10 cm de rayon ainsi qu'un secteur angulaire. Ce sont les patrons des cônes, ils doivent être identiques.

À l'aide des ciseaux, découpez vos deux cercles, sans oublier de retirer le secteur angulaire. Vous avez deux formes rappelant une bestiole de jeu vidéo…

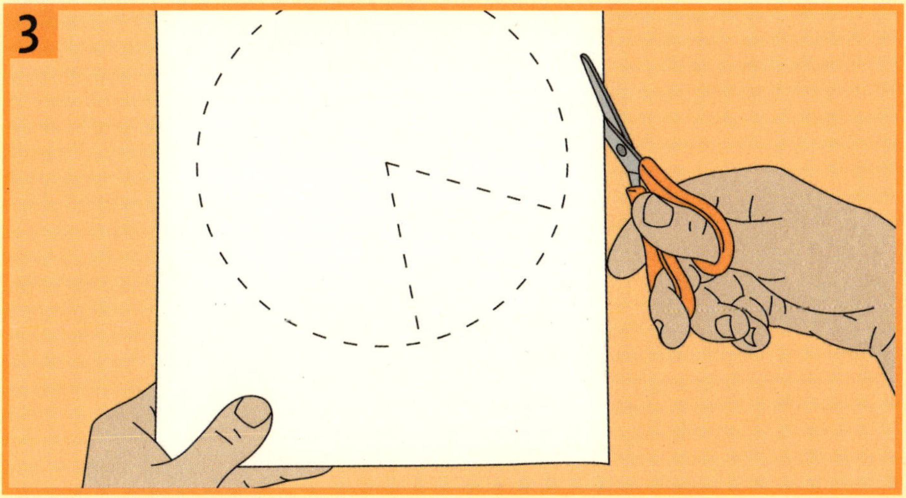

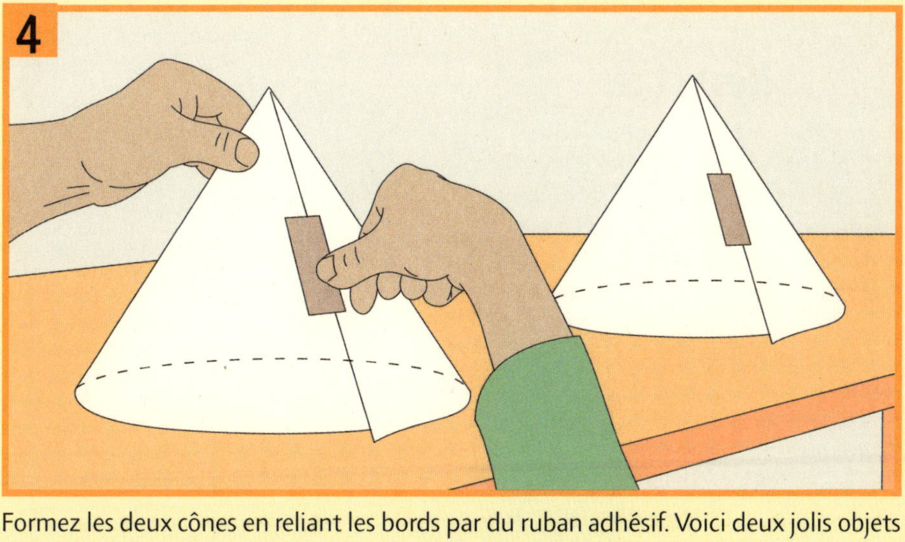

Formez les deux cônes en reliant les bords par du ruban adhésif. Voici deux jolis objets dont vous allez dès à présent tester la pénétration dans l'air.

À savoir

En formule 1, l'aspiration est utilisée : le pilote reste derrière un concurrent et en profite pour gagner en puissance afin de le doubler. Lors des courses cyclistes, les coureurs forment un peloton. Ceux à l'avant fournissent plus d'efforts pour contrer le vent, les autres restant à l'abri.

5

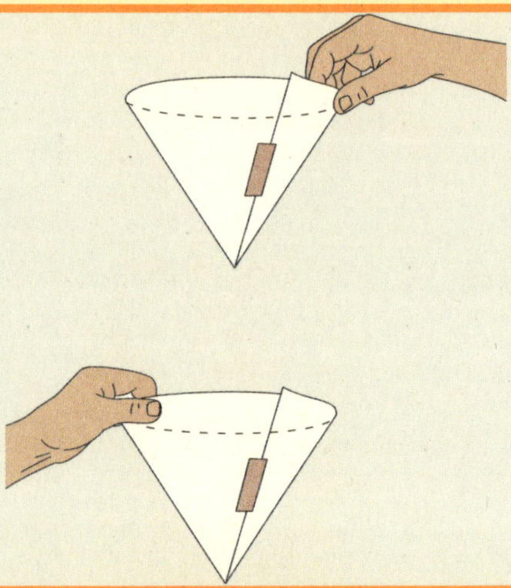

Prenez du bout des doigts, des deux mains, chaque cône et placez-les l'un au-dessus de l'autre, à 10 cm de distance. Lâchez-les simultanément !

Résultat

6

Lors du lâcher, les deux cônes tombent à la même vitesse, mais au bout d'une fraction de seconde, les cônes s'emboîtent ! Celui du dessus est comme aspiré ! C'est tout à fait normal, il ne subit pas la même résistance de l'air par rapport au cône placé en dessous. Ainsi, il peut prendre plus de vitesse et rentrer en contact avec le second. Ce phénomène est l'aspiration.

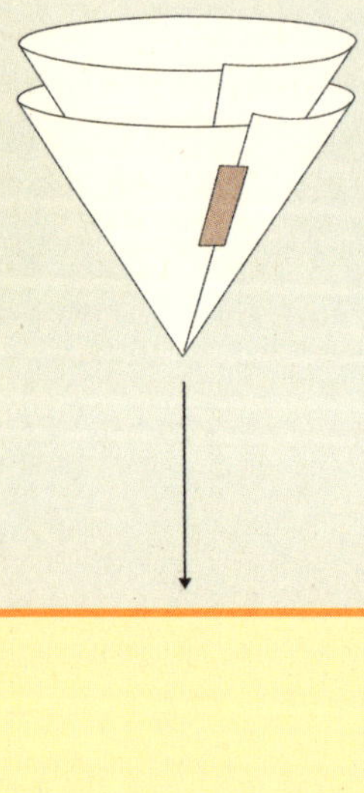

Les boîtes à fromage

Si vous faites dévaler sur une table inclinée deux billes identiques, alors elles tomberont sur le plancher en même temps. De même pour deux boîtes de camembert. Mais qu'en est-il si à l'intérieur vous disposez les masses différemment ? Laquelle sera la plus rapide ? Peut-être n'y aura-t-il aucune influence…

Matériel

- ✓ 2 boîtes à camembert vides
- ✓ Au moins 500 g de pâte à modeler
- ✓ Du ruban adhésif
- ✓ Une table
- ✓ Des livres

2

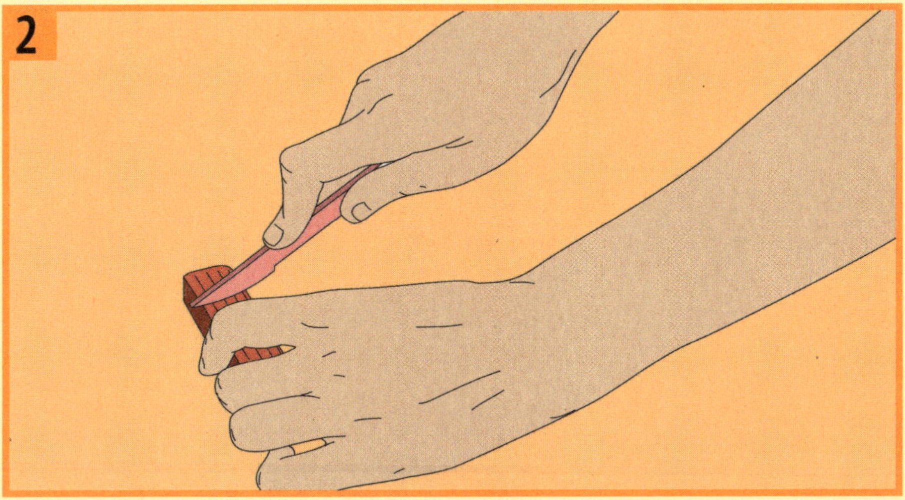

Partagez en deux parties égales votre pâte à modeler. Composez avec une partie 4 petites boules identiques et gardez l'autre intacte.

Dans une des boîtes, fixez les quatre petites boules sur les bords et appliquez du ruban adhésif pour les maintenir en place, puis refermez la boîte.

3

4

Placez dans la seconde boîte le reste de la pâte à modeler, exactement au milieu, et fixez-la avec du ruban adhésif. Remettez le couvercle.

À savoir

Avez-vous remarqué que lorsqu'un patineur replie ses bras, il tourne plus vite ? Une vraie toupie humaine ! En ramenant ses mains sur son torse, le moment d'inertie diminue et la rotation s'accélère. Pour ralentir, le patineur écarte les bras.

5

Placez quelques livres sous deux pieds de la table afin d'avoir un plan incliné. Positionnez les deux boîtes sur la table et lâchez-les en même temps.

Résultat

Laquelle arrive en premier ? C'est la boîte avec la pâte à modeler positionnée au milieu qui arrive la première. Vous pouvez recommencer plusieurs fois, le résultat sera identique. C'est la façon dont les masses sont réparties qui influence les mouvements des boîtes. En effet, plus les masses sont éloignées du centre de la boîte, plus la rotation sera difficile.

6

La goutte dégonflée

Vous êtes vous demandé pourquoi les gouttes d'eau ont une forme sphérique sur certaines surfaces ? En fait, les molécules d'eau ne se comportent pas de la même façon selon qu'elles se trouvent en surface ou à l'intérieur du liquide. Les molécules en surface ont un surplus d'énergie qui provoque cette forme particulière.

Matériel

- ✓ De l'eau
- ✓ Une aiguille propre
- ✓ Une pochette en plastique
- ✓ Du liquide vaisselle

2

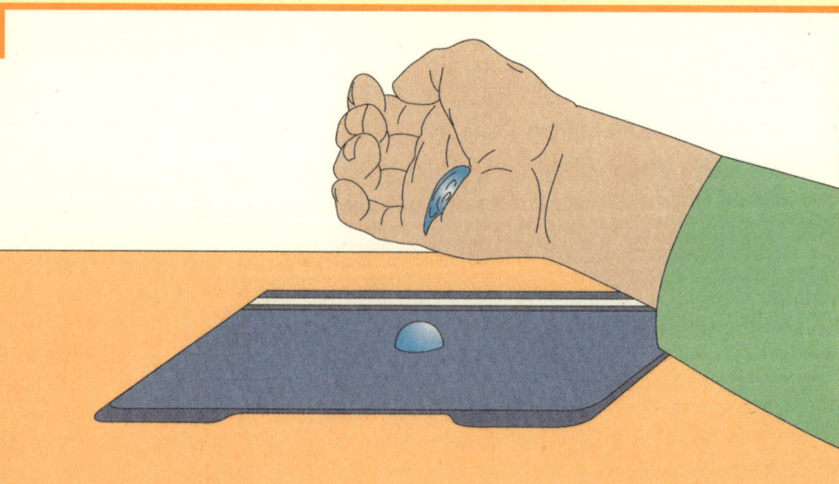

Posez la pochette en plastique sur une table et versez une goutte d'eau bien bombée dessus.

Piquez la goutte avec l'aiguille. Que se passe-t-il ? Rien, la goutte ne se déforme pas. Vous pensiez la crever tel un ballon de baudruche, eh bien non !

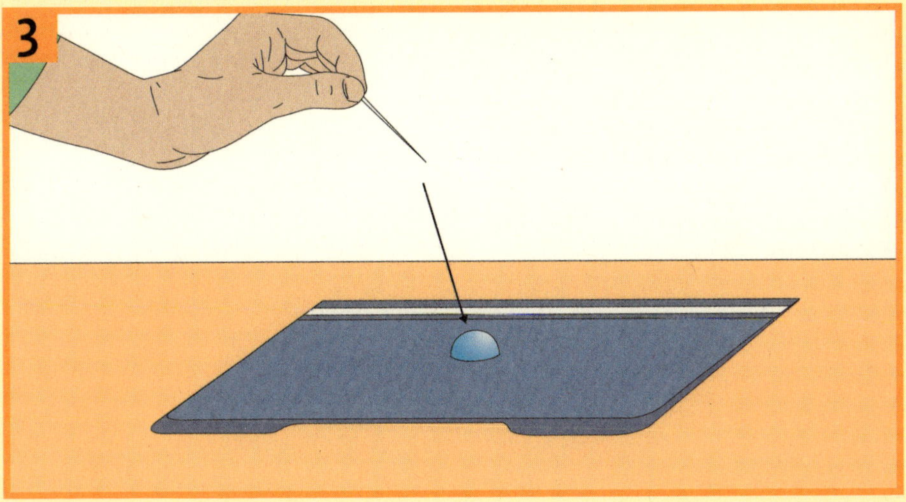

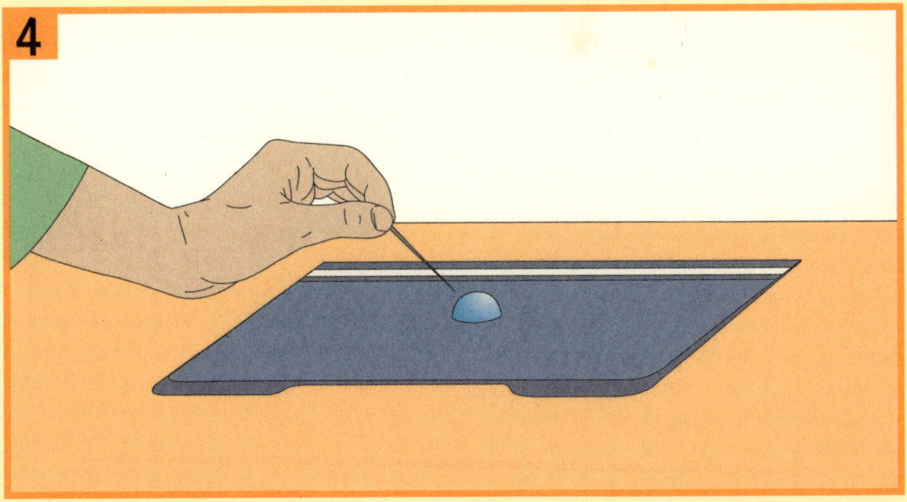

Retirez l'aiguille puis enduisez-la d'un peu de liquide vaisselle. Faites attention à ne pas vous piquer les doigts, mieux vaut utiliser un dé à coudre !

À savoir

Les petites gouttes que vous placez sur la feuille ont une forme sphérique, en revanche les grosses sont aplaties. En effet, une quantité d'eau élevée demande une plus grande quantité d'énergie pour maintenir la forme sphérique. C'est donc le poids de l'eau qui l'emporte et aplatit la goutte.

5

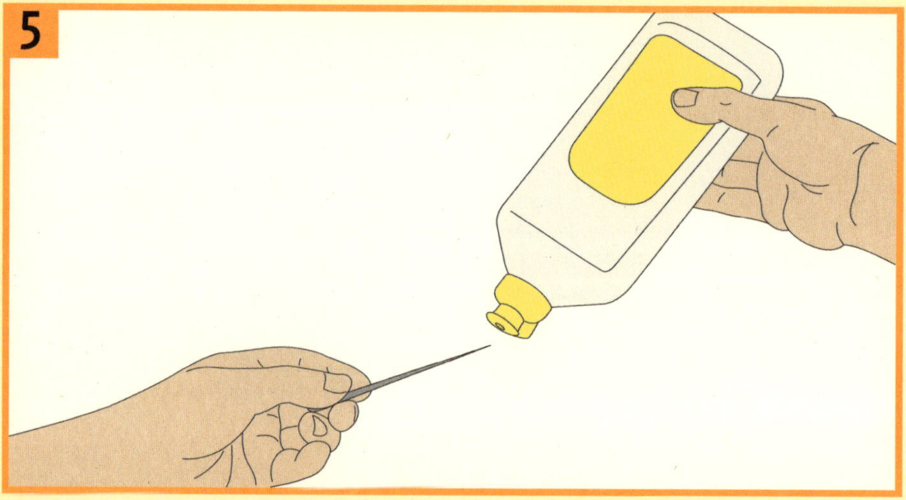

Il s'agit ici de mettre en évidence la tension superficielle de l'eau. Piquez la goutte d'eau avec l'aiguille et observez bien ce qui va se passer.

Résultat

Lorsque vous piquez la goutte d'eau avec l'aiguille propre, la goutte ne se déforme pas. Lorsque vous piquez la goutte d'eau avec une aiguille enduite de produit vaisselle, elle s'étale sur la feuille plastique comme une flaque ! Vous avez rompu la tension superficielle, c'est-à-dire l'enveloppe qui entourait les molécules d'eau et donnait la forme particulière à la goutte d'eau.

6

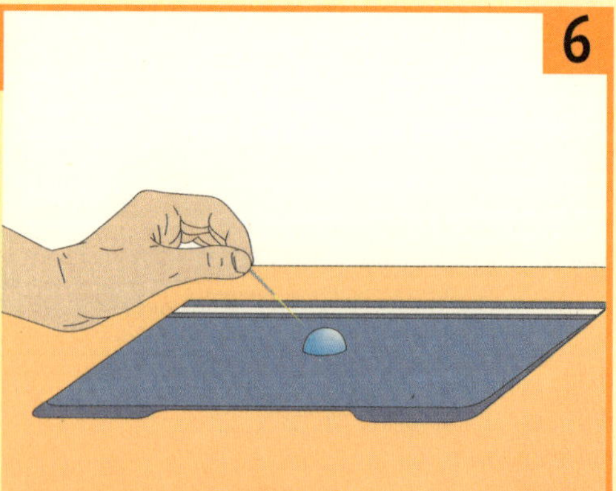

Le bouchon va et vient

Si vous déposez un bouchon en plastique à la surface d'un verre d'eau rempli à moitié ou à ras bord, le bouchon va-t-il aller au centre, se rapprocher du bord ou au contraire rester immobile ? Rien de mieux que de réaliser l'expérience pour apporter une réponse et par la suite essayer de fournir une explication.

Matériel

- ✓ Un bouchon en plastique
- ✓ Un verre
- ✓ De l'eau

2

Pour commencer, remplissez la moitié du verre d'eau. Déposez-le ensuite sur une table parfaitement horizontale. Sinon, mettez-le au sol.

Repérez le point de contact de l'eau avec le verre. L'eau semble remonter un peu. Déposez le bouchon délicatement au centre du verre et observez.

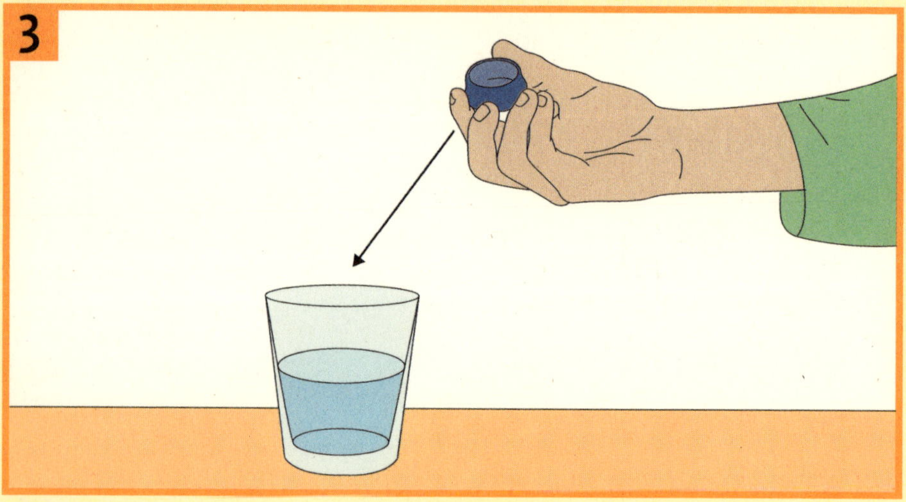

Retirez le bouchon du verre et remplissez-le d'eau à ras bord, vraiment juste à la limite du débordement, et observez la forme de la surface de l'eau.

À savoir

Pourquoi l'eau remonte-t-elle légèrement sur les bords du verre ? Parce que le verre attire les molécules d'eau. Ce phénomène est appelé capillarité et si le verre était remplacé par un tube très fin, l'eau monterait plus haut. De même si vous posez un morceau de sucre sur un liquide, il grimpe jusqu'en haut !

5

Placez le bouchon délicatement entre le centre et le rebord du verre. Que va-t-il se passer ? Va-t-il rester au même endroit ou se diriger vers le bord ?

Résultat

Lorsque le verre est rempli à ras bord, le bouchon va toujours se placer au centre et s'il est rempli à moitié, le bouchon se dirigera toujours vers le bord ! La tension de surface en est la cause, mais aussi la forme de la surface. Ainsi, lorsque le verre est rempli, la surface est bombée, sinon la surface est concave et l'eau monte légèrement sur la paroi du verre.

6

Les clés communicantes

Un pendule simple est par définition une petite masse accrochée au bout d'un fil ou d'une tige. Écartée de sa position d'équilibre, puis lâchée, la petite masse oscille de part et d'autre de la verticale. Ces oscillations proviennent de la force de gravitation et peuvent entraîner d'autres phénomènes curieux…

Matériel

✓ Du fil solide
✓ Deux clés identiques
✓ Deux chaises

2

Attachez les deux clés identiques à deux fils de même longueur, environ 60 cm. Ces conditions sont à respecter pour le bon déroulement de l'expérience.

Suspendre un fil entre les deux dossiers des chaises, écartez-les de façon à tendre le fil. Trop tendu, il risque de casser, pas assez, c'est perdu.

Maintenant vous devez attacher les deux fils liés aux clés sur le fil tendu. Les deux nœuds ne doivent pas être séparés de plus de 5 cm.

À savoir

La mesure du temps a été une préoccupation importante, surtout pour organiser la vie sociale et économique des sociétés, et ce depuis les premières civilisations. L'application des balanciers pour les horloges en est un exemple ; cela permettait de connaître l'heure à tout moment de la journée.

5

Écartez une des deux clés en gardant le fil tendu et laissez-la balancer librement. Pour l'instant, l'autre clé est au repos, mais soyez attentif…

Résultat

6

Initialement, la seconde clé est au repos, mais au bout d'un moment, elle se met à osciller alors que la première s'immobilise. Puis encore la seconde s'arrête, la première oscille de nouveau et ainsi de suite. L'explication de cette expérience est délicate mais, en résumé, vous avez deux pendules couplés et ce phénomène n'est possible qu'avec des pendules identiques.

Tout petit moteur

Dès qu'un fil est parcouru par un courant électrique, aussi faible soit-il, et s'il baigne dans un champ magnétique, alors il subit une force et peut se déplacer. C'est le principe du moteur électrique. Tout le monde a chez soi une pile, du fil et quelques magnets, alors en les assemblant vous allez en fabriquer un.

À FAIRE AVEC UN ADULTE

Matériel

- ✓ Une pile 1,5 V
- ✓ Une feuille d'aluminium
- ✓ 3 petits aimants cylindriques
- ✓ Un fil conducteur

2

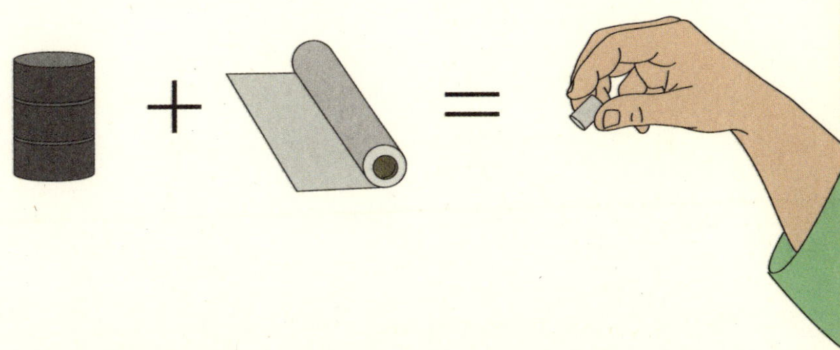

Empilez les 3 petits aimants – c'est très facile avec la force magnétique –, puis emballez-les dans un petit morceau de feuille d'aluminium.

Placez la borne positive de la pile sur le cylindre, borne où se trouve le bouton extérieur. Encore une opération facilitée par la force magnétique…

3

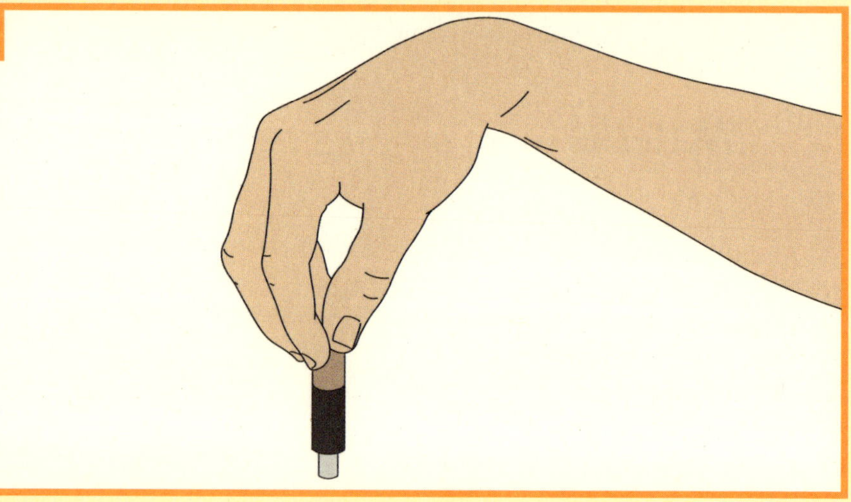

4

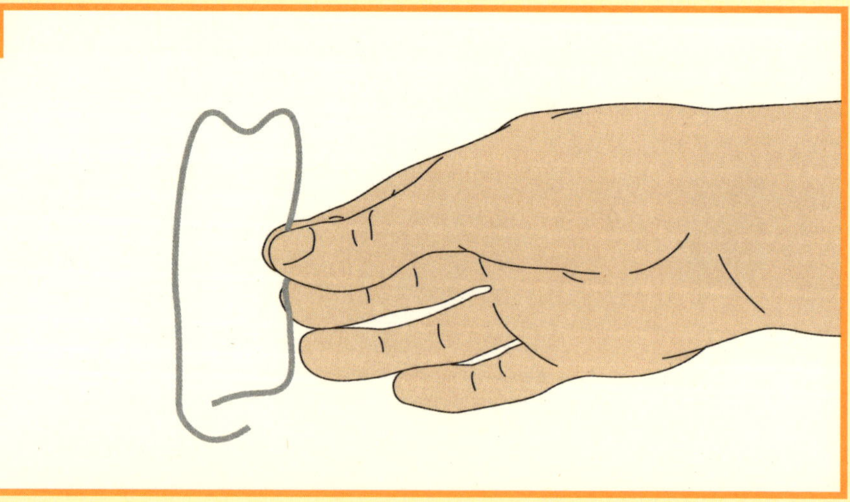

Coupez une quinzaine de centimètres de fil conducteur et dénudez-le si ce n'est pas déjà fait. Maintenant, donnez-lui la forme indiquée sur le dessin.

À savoir

La force que vous avez mise en évidence est la force de Laplace. Le haut-parleur en est une application : à l'intérieur se trouvent un aimant et une bobine, qui, lorsqu'elle reçoit un courant, se met à bouger et fait donc bouger la membrane. Cette dernière fait vibrer l'air, ce qui produit le son.

5

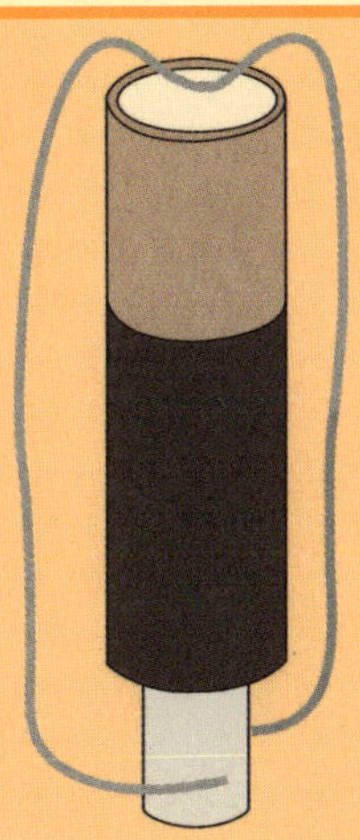

Posez la pile sur une table, aimant en bas, et placez le fil sur la borne négative. Les extrémités du fil doivent juste toucher l'aluminium sans le serrer.

Résultat

Le fil se met à tourner autour de la pile telle une hélice d'avion ! Ne le laissez pas trop longtemps, car la pile étant en court-circuit, le fil se met à chauffer et peut même fondre. C'est grâce au champ magnétique des aimants combiné au courant passant dans le fil qu'il se met à tourner. C'est une petite force, pas assez puissante encore pour en faire un ventilateur !

6

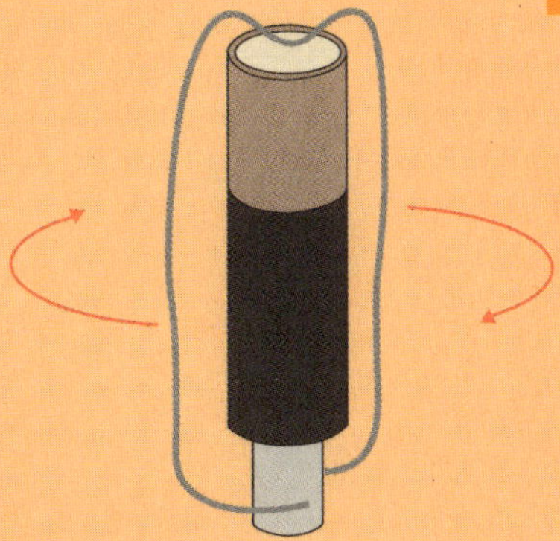

L'échange des liquides

Certains liquides ne se mélangent pas, on dit qu'ils ne sont pas miscibles. De même, tous les liquides n'ont pas la même densité, ainsi à volume égal deux liquides n'ont pas la même masse. Vous savez que l'huile et l'eau ne se mélangent pas et vous allez, grâce à cette nouvelle expérience, comparer leur densité.

Matériel

- ✓ 2 verres de même diamètre
- ✓ De l'huile
- ✓ De l'eau
- ✓ Une feuille cartonnée

2

Remplissez un verre avec de l'huile et l'autre avec de l'eau. Très important : le verre d'huile doit être plein à ras bord sinon le dénouement sera moins marquant.

Posez la feuille cartonnée sur le verre d'eau puis plaquez la main sur la feuille. Retournez le verre rapidement tout en conservant l'appui sur la feuille.

3

4

Posez le verre avec la feuille exactement sur le verre d'huile. Vous pouvez, pour effectuer cette manœuvre, lâcher la feuille, elle restera collée un moment.

À savoir

Tout corps plongé dans un fluide reçoit de la part de celui-ci une poussée verticale, dirigée de bas en haut, égale au poids du volume de fluide déplacé. C'est le principe d'Archimède applicable aux gaz. Vous qui baignez dans l'air subissez cette force, mais elle est négligeable par rapport à votre poids.

5

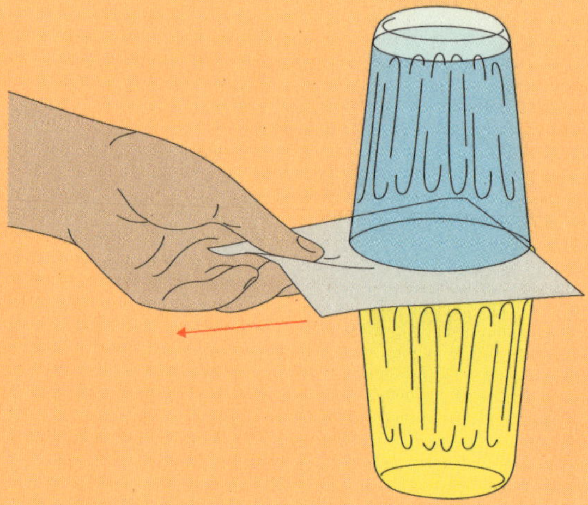

Voici le moment le plus intéressant. Tirez doucement sur la feuille cartonnée de manière à libérer un petit espace où peuvent circuler les liquides.

Résultat

6

Tout doucement un filet d'huile passe dans le verre d'eau en même temps que l'eau prend la place de l'huile. Au bout d'un certain moment, toute l'huile sera dans le verre supérieur. L'huile a une densité inférieure à celle de l'eau et, grâce à la poussée d'Archimède, une force pousse l'huile au-dessus de l'eau. La gravité entraîne l'eau dans le verre inférieur.

Et que ça saute !

Autour de l'endroit où est produit un son, les molécules d'air sont déplacées et effectuent un mouvement de va-et-vient semblable à une vibration. Dans ce mouvement, les molécules heurtent les molécules voisines et ainsi le son se propage. Mais comment visualiser cette propagation ? Peut-être avec du riz…

Matériel

- ✓ **Un ballon de baudruche**
- ✓ **Une cuillère en bois**
- ✓ **Une boîte en plastique**
- ✓ **Un élastique**
- ✓ **Une poignée de riz**
- ✓ **Une poêle**

2

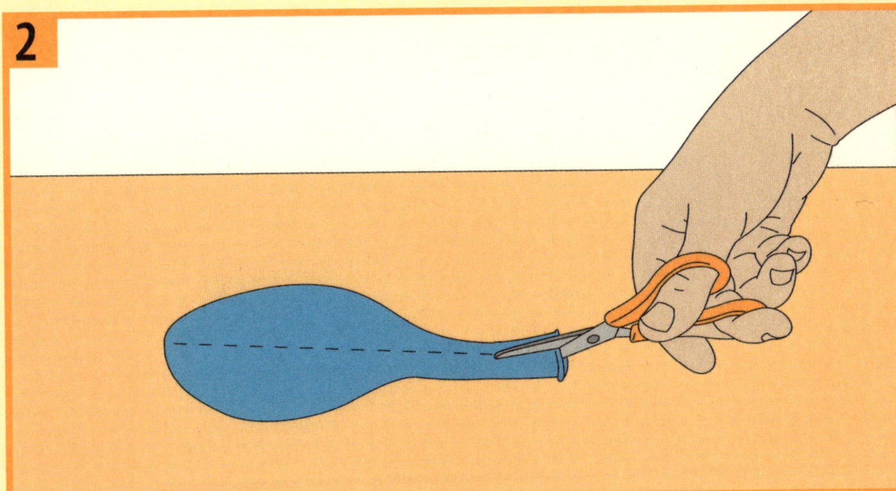

Découpez un rectangle dans votre ballon, le plus grand possible. Tendez-le dans tous les sens, car il faut pouvoir recouvrir la boîte en plastique.

Étendez-le sur la boîte. Il vaut mieux être deux pour cette opération, car vous devez placer l'élastique autour pour maintenir l'enveloppe.

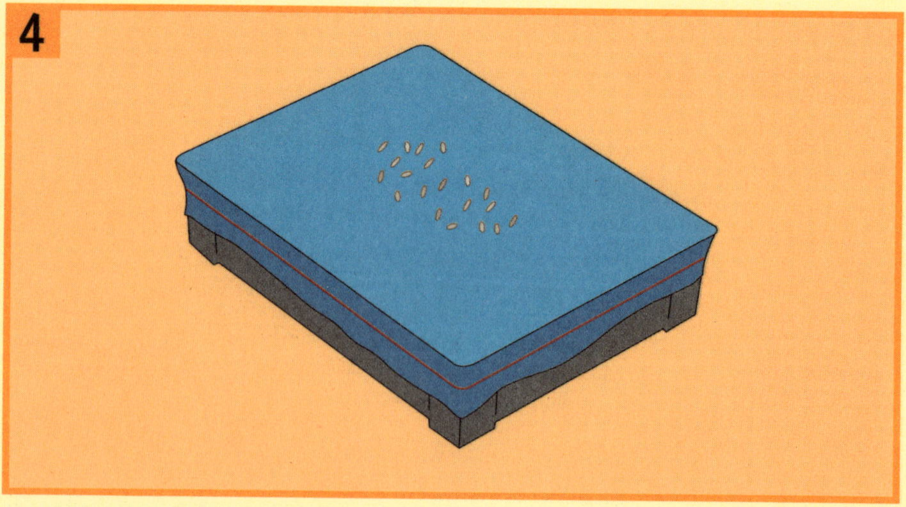

La boîte ainsi habillée, posez-la sur une table et déposez du riz sur l'enveloppe. Il n'est pas nécessaire d'en mettre trop, juste une vingtaine de grains.

À savoir

Quel que soit l'endroit où l'on se trouve, le silence absolu n'existe pas. Le niveau sonore est mesuré en décibels (dB). Par exemple, le tic-tac d'une montre a un niveau de 15 dB, le marteau-piqueur de 110 dB. À partir de 120 dB, on atteint un niveau critique, des lésions à l'oreille sont possibles.

5

La poêle dans une main et la cuillère en bois dans l'autre, placez-vous à côté de la boîte et frappez un grand coup. Ne cassez pas la cuillère sur la poêle !

Résultat

Non seulement vous réussissez à faire beaucoup de bruit, mais le riz se met à sauter à chaque frappe sur la poêle. Et pourquoi ? C'est simple, le fait de frapper fait vibrer l'air et crée des ondes sonores qui à leur tour font vibrer la membrane du ballon : le riz saute ! Les vibrations sont donc visibles, car elles ont été accentuées par l'élasticité de la membrane en caoutchouc.

6

Une pile au citron

C'est à la fin du XVIIIe siècle que la première pile électrique a été inventée, grâce à deux savants, Galvani et Volta. Ils ont découvert la présence d'électricité, le premier dans des cuisses de grenouilles et le second en superposant des rondelles de cuivre et de zinc séparées par de l'eau salée. Vous, ça sera avec un citron…

Matériel

- ✓ Un citron
- ✓ Un clou en zinc
- ✓ Un clou en cuivre
- ✓ Une montre digitale sans la pile ou un réveil
- ✓ Du fil électrique
- ✓ Du papier d'émeri

2

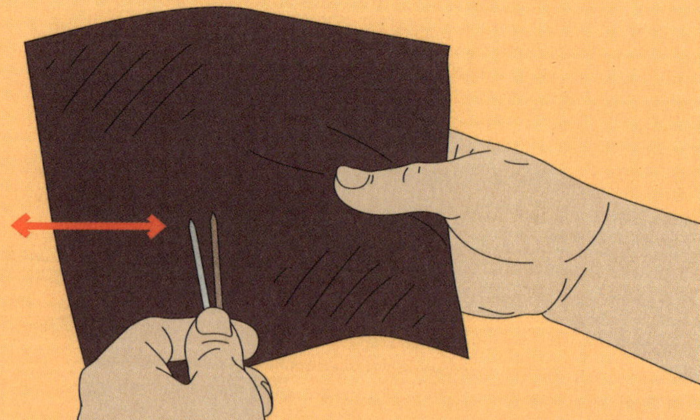

Coupez deux longueurs de fil électrique et dénudez les extrémités à l'aide d'une pince coupante. Poncez les clous et les fils avec le papier d'émeri.

Compressez le citron avec votre main et découpez-le en deux. Reliez une extrémité de chaque fil à un clou, la partie dénudée doit être au contact du clou.

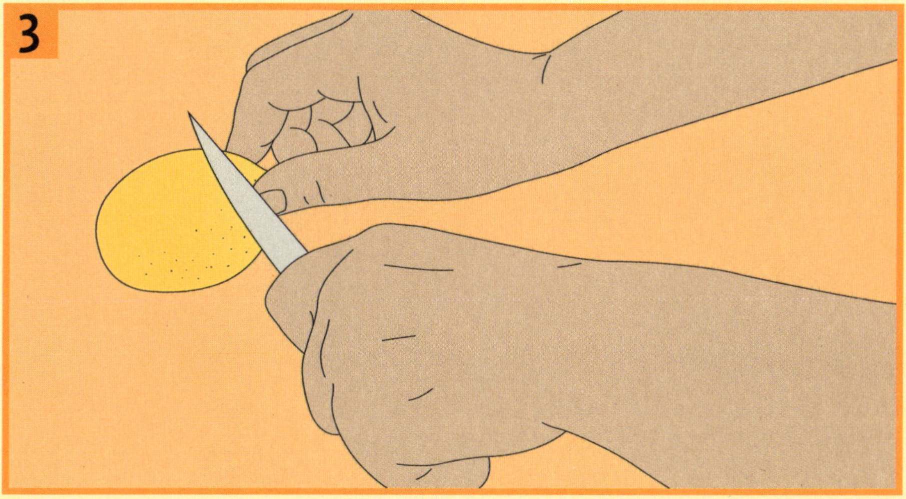

Plantez les clous avec leur fil enroulé dans une même moitié de citron. Ainsi, la pulpe de citron, le zinc et le cuivre forment un système électrique.

À savoir

Vous pouvez réaliser des piles avec toutes sortes de fruits et légumes, comme le kiwi, le pamplemousse et même la pomme de terre ! Ces piles offrent au mieux 1 V et sont très encombrantes. De nos jours, la pile la plus courante est la pile alcaline, qui équipe nos réveils, portables, lecteurs, etc.

5

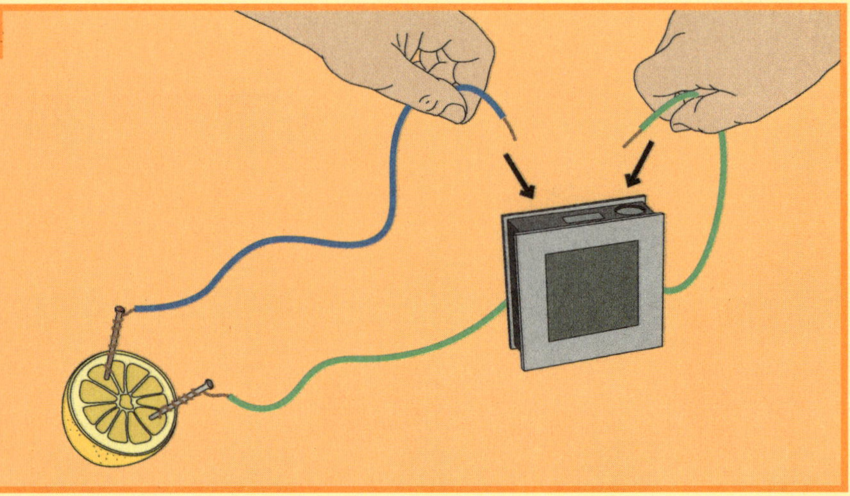

Reliez les deux autres extrémités des fils à la montre, à l'endroit où se loge la pile. Le résultat va être immédiat, sinon intervertissez les fils.

Résultat

6

La montre s'allume et indique l'heure ! Comment cela est-il possible ? La pulpe de citron, le zinc et le cuivre constituent un système chimique où peuvent circuler des électrons. Le courant électrique est une circulation de charges électriques qui circulent dans les fils et alimentent la montre. Bien sûr, cela ne fonctionne que pour un petit appareil.

Le sel, ça gèle !

La dissolution de certains produits est très variable et limitée. Ainsi, il est possible de dissoudre plus de sel de cuisine que de sucre dans l'eau. En fait, cette solubilité dépend de plusieurs facteurs, dont la température. De même, dissoudre un produit dans l'eau peut, dans certains cas, dégager ou absorber de la chaleur.

Matériel

- ✓ 2 thermomètres
- ✓ 2 verres
- ✓ Des glaçons
- ✓ Du gros sel
- ✓ Un torchon
- ✓ Un marteau

2

Sortez une dizaine de glaçons de votre congélateur, placez-les dans un torchon afin de les concasser à l'aide du marteau et faites-en de la glace pilée.

Mettez la même quantité de glace pilée dans chaque verre et mélangez le contenu des récipients, puis laissez reposer une dizaine de minutes.

3

4

Remuez encore les mélanges, l'objectif étant d'avoir un mélange de glace et d'eau. Ensuite, versez dans un seul des deux verres une poignée de gros sel.

À savoir

Il existe aussi des réactions chimiques avec dégagement de chaleur : les réactions exothermiques. Un exemple spectaculaire : les sachets autochauffants que l'on peut appliquer sous un vêtement pour se réchauffer. Ils contiennent une poudre qui, au contact de l'air, dégage de la chaleur, jusqu'à 55 °C !

5

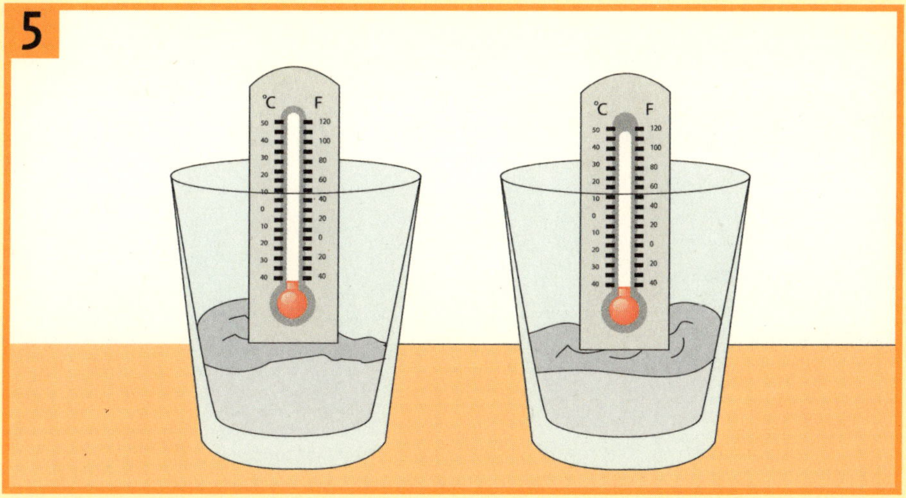

Dès que le sel est dissous, plongez dans chaque mélange un thermomètre. Positionnez-les idéalement pour avoir une bonne lecture de la température.

Résultat

Le premier thermomètre, plongé dans le mélange eau-glace, indique une température juste au-dessus de 0 °C, alors que le second, dans le verre contenant le sel, indique une température bien inférieure à 0 °C ! Le sel a refroidi l'eau ! Il a absorbé la chaleur de l'eau pour pouvoir se dissoudre. C'est une réaction endothermique, réaction chimique absorbant de la chaleur.

6

Le tire-bouchon

Le liège est un produit naturel issu de l'écorce du chêne-liège. Le liège a une structure spéciale, ce qui fait de lui le produit idéal pour boucher les bouteilles de vin. Il assure la bonne qualité du breuvage et se retire sans peine à l'aide d'un tire-bouchon. Mais que faire s'il tombe dans la bouteille ?

Matériel

- ✓ Un sac en plastique
- ✓ Une bouteille en verre vide
- ✓ Un bouchon
- ✓ Une cuillère en bois

2

Placez le bouchon dans le goulot de la bouteille en verre vide et, à l'aide du manche de la cuillère en bois, enfoncez-le à l'intérieur.

Essayez maintenant de sortir le bouchon, bien évidemment sans casser la bouteille et sans introduire un quelconque produit à l'intérieur. En vain…

À présent, introduisez le sac en plastique à l'intérieur de la bouteille, en laissant les anses à l'extérieur. Placez le bouchon entre le sac et la paroi.

À savoir

Le liège n'est pas seulement utilisé pour la confection des bouchons. Il est aussi employé dans la confection d'instruments de musique de la famille des bois : la clarinette, le hautbois ou le saxophone. Le liège sert également à la fabrication de panneaux isolants, car il ne conduit pas la chaleur.

5

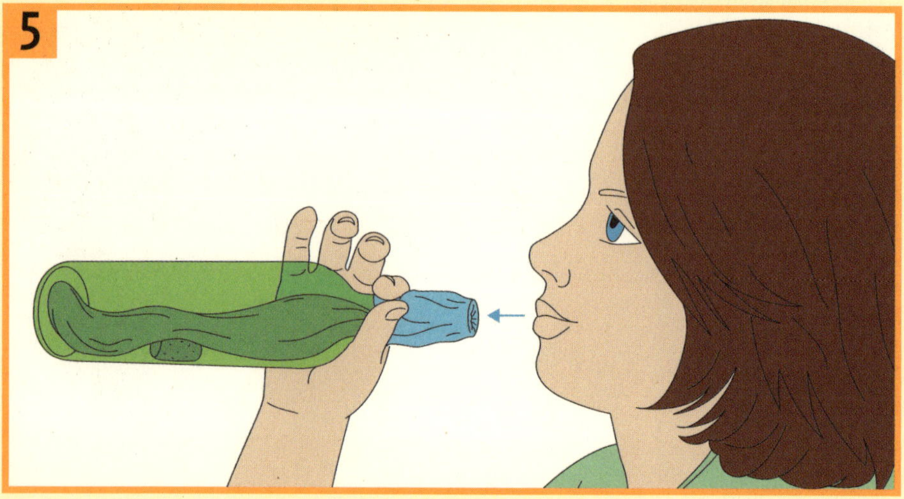

Prenez la bouteille en main, goulot vers le bas, gonflez légèrement le sac et empêchez l'air de s'échapper. Tirez doucement sur le sac plastique.

Résultat

Le bouchon sort de la bouteille, car il est coincé par l'air introduit dans le sac. En effet, vous avez fermé le sac et empêché l'air de s'échapper puis, lorsque vous le tirez, l'air se comprime, emprisonne le bouchon et l'entraîne vers l'extérieur. Peut-être que vous ne réussirez pas au premier essai, alors essayez à nouveau en variant la quantité d'air dans le sac.

6

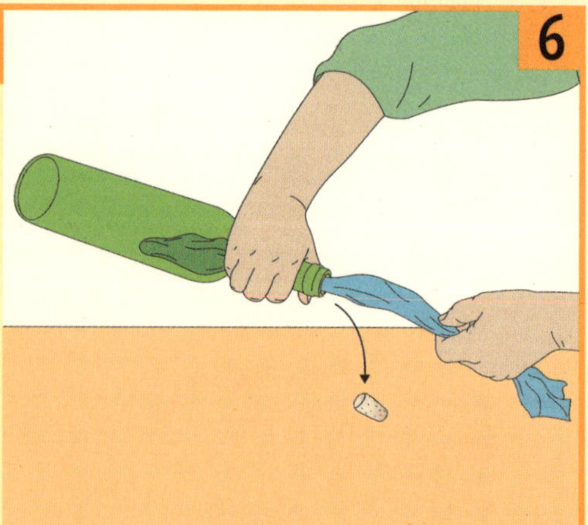

La balle désobéissante

Lorsque vous frappez dans une balle avec votre pied, elle prend la direction que vous voulez. Si vous soufflez sur de la farine, cela forme un nuage blanc et les particules s'envolent dans la direction du souffle. Mais qu'en est-il si vous soufflez sur une balle de ping-pong avec un entonnoir ? Va-t-elle s'éloigner ?

Matériel

✓ Un entonnoir, transparent si possible
✓ Une balle de ping-pong

2

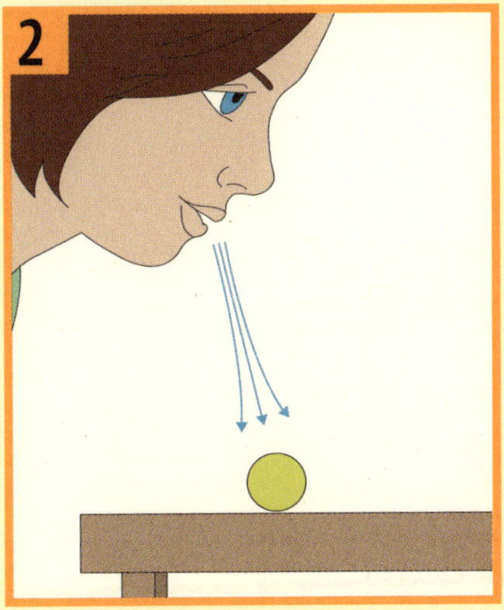

Posez la balle de ping-pong sur une table bien horizontale afin qu'elle ne s'échappe pas, puis soufflez sur la balle, à la verticale.

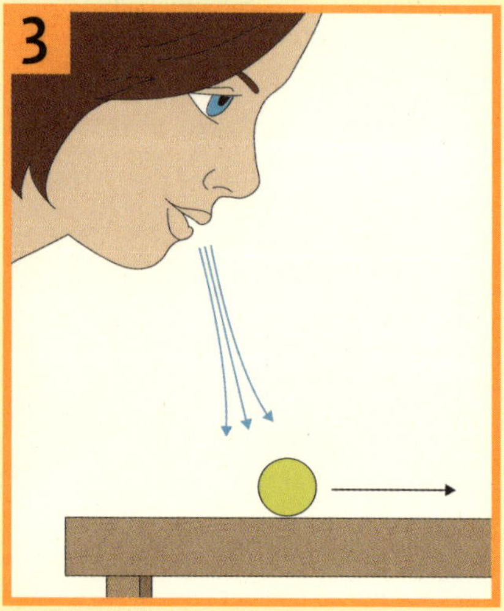

Sans surprise, la balle va s'enfuir d'un côté ou de l'autre de la table. C'est tout à fait normal, car le flux d'air exerce une force sur la balle.

Retrouvez votre balle et reposez-la sur la table. Approchez l'entonnoir juste au-dessus afin de recouvrir la balle, pas totalement, mais à moitié seulement.

À savoir

Les propriétés des gaz sont nombreuses, la plus intéressante est l'effet Venturi : les gaz ou liquides se trouvent accélérés à cause du rétrécissement de leur zone de circulation. Cet effet est utilisé dans les carburateurs de moteur à combustion ou sur des cheminées afin d'améliorer le tirage.

5

C'est à cet instant que vous devez souffler fortement et en continu dans l'entonnoir. Observez bien le comportement de la balle. Va-t-elle s'échapper ?

Résultat

La balle est aspirée ! C'est incroyable puisque l'on souffle dessus ! C'est un théorème physique sur l'écoulement des fluides qui explique ce phénomène. Ce théorème précise que plus la vitesse de l'air est grande, plus la pression diminue. Ainsi à l'intérieur de l'entonnoir, l'air au-dessus de la balle est en mouvement, donc à basse pression, et aspire la balle.

6

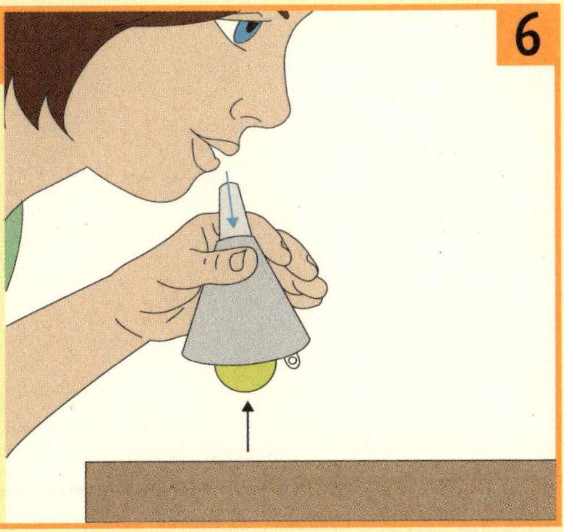

CD aéroglisseur

Vous connaissez bien le air hockey, ce jeu qui se joue à deux et consiste à marquer des points en poussant un palet dans les buts adverses à l'aide d'un maillet en plastique. Le palet est maintenu en l'air à l'aide du souffle exercé par les petits trous de la table. Et si vous reproduisiez ce système ?

À FAIRE AVEC UN ADULTE

Matériel

- ✓ Un ballon de baudruche
- ✓ Un bouchon en liège
- ✓ Un petit tournevis
- ✓ De la pâte adhésive
- ✓ Un Compact Disc (CD)

2

Transpercez le bouchon dans le sens de la longueur de sorte que l'air puisse passer. Ensuite, enduisez de pâte adhésive le pourtour de l'orifice du CD.

Collez le bouchon sur la pâte adhésive et appuyez bien pour assurer l'étanchéité. Voilà, votre CD aéroglisseur est conçu, plus que quelques étapes…

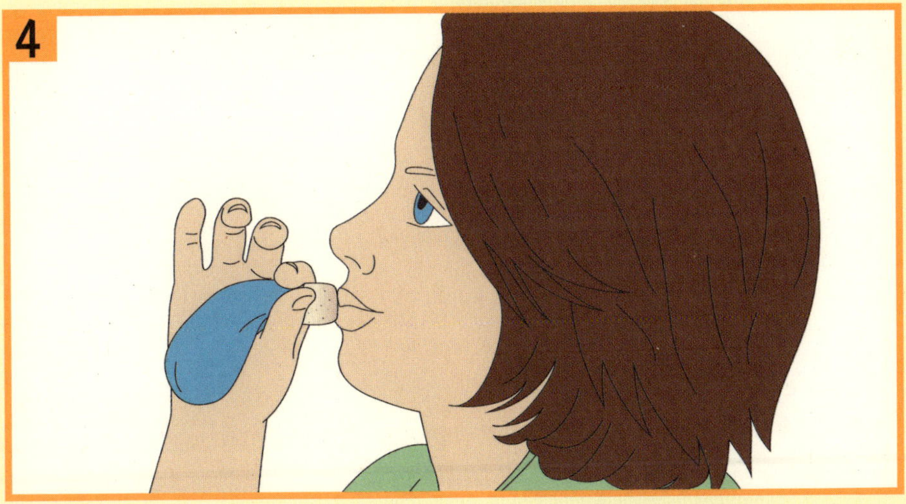

Gonflez le ballon de baudruche au maximum, à la limite de l'explosion. C'est cet instrument qui va remplacer le souffle de la table du air hockey.

À savoir

Les aéroglisseurs, véhicules amphibies, se déplacent aussi grâce à un coussin d'air. Ils sont généralement utilisés pour les déplacements sur la mer et les marais, mais aussi sur la surface terrestre où le relief n'est pas trop important. Le record du monde de vitesse sur l'eau est de près de 100 km/h.

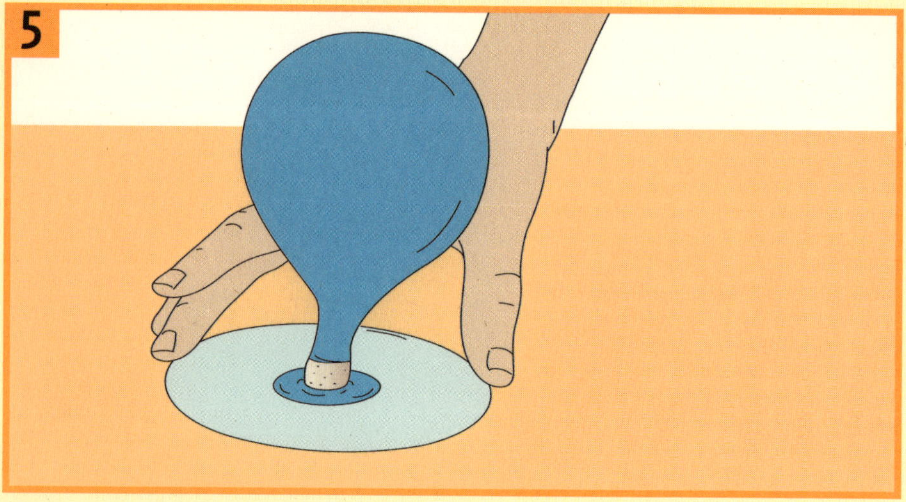

Placez l'embout du ballon sur le bouchon tout en exerçant une pression des deux doigts afin d'empêcher l'air de s'échapper. Posez sur le sol et lâchez tout !

Résultat

Votre CD aéroglisseur glisse sur le sol, et si la surface n'est pas parfaitement horizontale, il se déplace dans tous les sens ! En s'échappant du ballon, l'air passe dans le bouchon, s'engouffre sous le CD et crée un coussin d'air : il flotte au-dessus du sol. Les frottements sont réduits et il peut se déplacer où vous désirez avec juste une petite poussée.

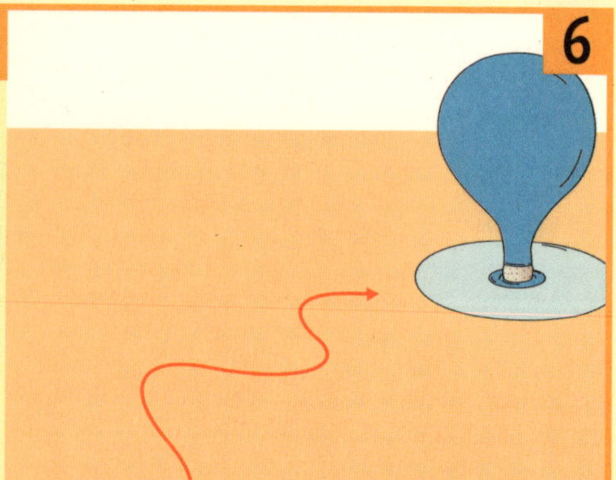

La pêche du glaçon

L'eau gèle-t-elle toujours à la température de 0 °C ? Eh bien pas forcément ! On ne vous a pas menti, mais la température de solidification de l'eau dépend de différents facteurs comme la pression ou les produits dissous. L'eau salée gèle à une température inférieure à 0 °C, de - 2 °C jusqu'à - 20 °C suivant la salinité.

Matériel

- ✓ Un glaçon
- ✓ Un verre d'eau
- ✓ Un bout de ficelle
- ✓ Du sel

2

Coupez une quinzaine de centimètres de ficelle et faites-la tremper dans le verre d'eau. Laissez tremper quelques secondes afin que la ficelle s'imbibe d'eau.

Retirez le bout de ficelle et introduisez le glaçon dans le verre. N'attendez pas trop longtemps pour réaliser l'expérience, sinon le cube de glace va fondre.

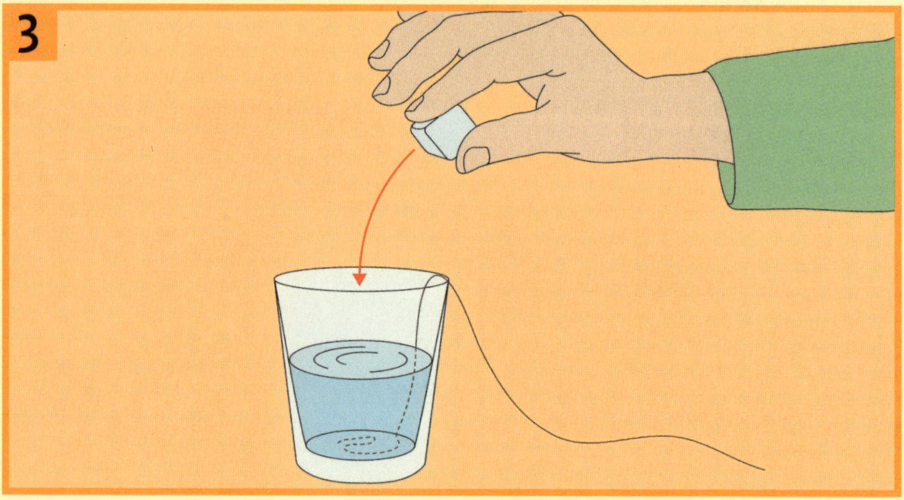

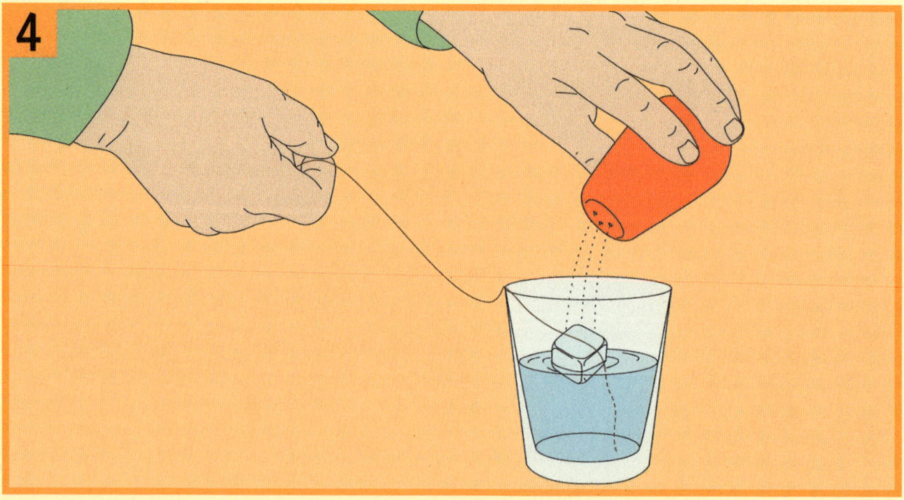

Déposez la ficelle imbibée d'eau sur le dessus du glaçon et saupoudrez une pincée de sel. Ne touchez plus à rien et patientez à peu près une minute.

À savoir

Les mers et océans sont les plus gros réservoirs de sel. L'eau de mer contient environ 40 g de sel par litre d'eau et gèle à environ - 2 °C. Le sel n'est pas seulement sur nos tables, il est aussi utilisé pour le salage des routes. Lorsqu'on met du sel dans la neige, il s'y mélange et provoque sa fonte.

5

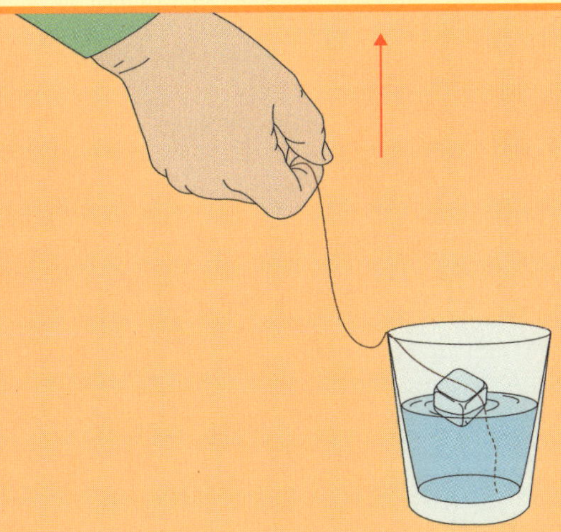

Ce bref instant passé, prenez l'autre extrémité de la ficelle et tirez doucement dessus. Vous pensez que rien ne va se passer ? Vous allez changer d'avis !

Résultat

Le glaçon a mordu à la ficelle ! La ficelle est comme soudée au glaçon. Que s'est-il passé ? Lorsque vous avez ajouté la pincée de sel, l'eau est devenue salée et a fondu à cet endroit, mais est restée à une température inférieure à 0 °C. La glace continue de fondre, la salinité diminue, l'eau devient moins salée et regèle autour de la ficelle : elle est emprisonnée !

6

La portance de la règle

L'aérodynamique est l'étude de phénomènes résultant de l'écoulement de l'air autour d'un véhicule en mouvement (train, voiture de course et surtout avion). En attribuant une forme particulière à un morceau de papier, vous allez reproduire dans cette nouvelle expérience le comportement d'une aile d'avion.

Matériel

- ✓ Du ruban adhésif
- ✓ Une règle plate de 20 cm
- ✓ Une feuille de papier
- ✓ Un stylo
- ✓ Une paille
- ✓ Une paire de ciseaux

2

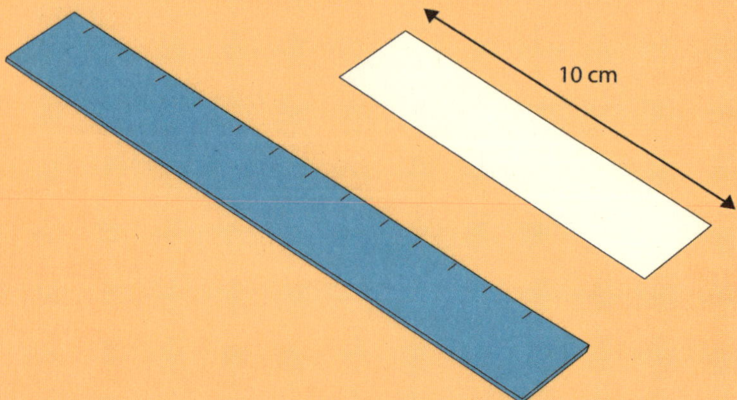

Découpez une bande de papier faisant exactement la largeur de votre règle et d'une longueur de 10 cm. C'est la pièce maîtresse de l'expérience.

Découpez deux morceaux de ruban adhésif et fixez-les sur la bande de papier. Puis collez-la sur la règle en lui donnant la forme d'une aile d'avion.

3

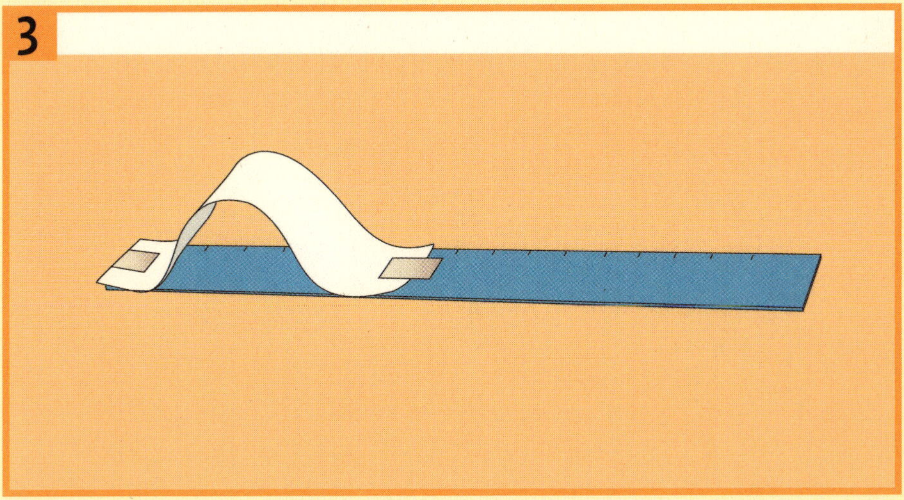

4

Mettez le stylo sur la table et déposez-y la règle transversalement de sorte qu'elle soit juste à la limite de l'équilibre, telle une balançoire…

À savoir

Les avions volent comme les oiseaux, mais ne battent pas des ailes. La forme des ailes est primordiale. Lorsque l'avion est en mouvement, l'air s'écoule autour des ailes créant une dépression sur les faces supérieures. Mais cette force n'est pas suffisante, il faut aussi une bonne propulsion !

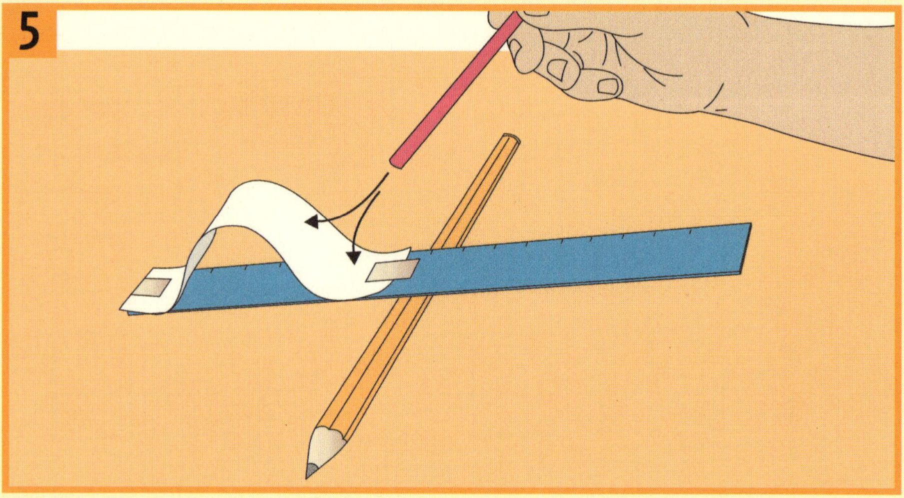

À l'aide la paille, soufflez à flux continu sur la bande de papier, parallèlement à la règle. La règle va-t-elle rester plaquée ? La languette s'écraser ?

Résultat

Quelle surprise de voir la règle se soulever quand vous soufflez. Voici une illustration de la force de portance qui permet à nos avions de voler. En effet, l'air doit effectuer un trajet plus long lorsqu'il glisse sur la languette et, d'après une loi physique, cela crée une dépression. Ainsi, il existe une force qui soulève la règle, provoquant sa bascule.

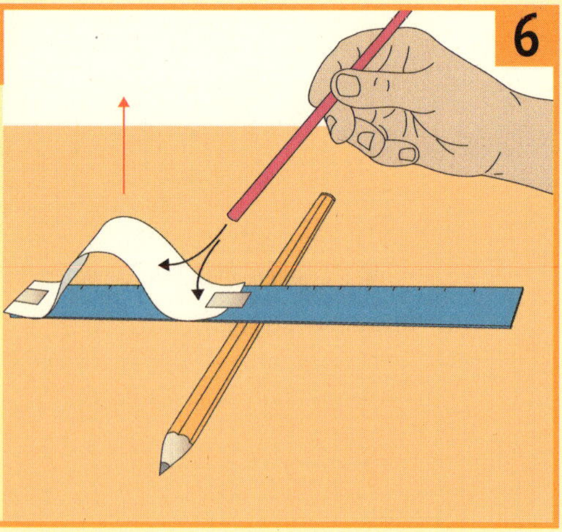

La feuille plaquée

L'air qui nous entoure est un gaz très léger, car il y a beaucoup d'espace entre ses molécules. L'eau, constituée d'oxygène et d'hydrogène, a des molécules qui roulent les unes sur les autres, aussi vos mouvements y sont-ils plus difficiles. Mais la résistance de l'air n'est pas négligeable, ainsi en témoigne cette expérience.

Matériel

- ✓ Une règle plate d'au moins 30 cm
- ✓ Une grande feuille de papier

2

Votre règle doit être plate et rigide afin que l'expérience réussisse. Posez-la sur la table de sorte qu'une extrémité dépasse d'une dizaine de centimètres.

Appuyez à l'aide d'un doigt sur l'extrémité de la règle : la règle tombe. Rien d'extraordinaire pour l'instant, mais c'est une étape indispensable.

À présent, posez la feuille sur la règle. Elle doit recouvrir entièrement la partie de la règle qui se trouve sur la table, sans être en dehors de la table.

À savoir

Si vous n'aviez pas frappé fortement la règle, la feuille se serait soulevée. C'est donc la vitesse de frappe, plus rapide que la vitesse d'écoulement de l'air, qui joue un rôle important dans cette expérience, comme l'airbag d'un véhicule qui se dégonfle lentement même pendant la pression violente du visage du passager.

5

Sans aucune hésitation, frappez fortement avec votre poing sur l'extrémité libre de la règle et observez bien le comportement de la feuille de papier.

Résultat

6

La règle fléchit, mais la partie se trouvant sous la feuille ne bouge pas ! Ne frappez pas trop fort, car vous risquez de la casser ou de la plier. Lorsque vous frappez sur la règle, la feuille se soulève immédiatement et provoque un appel d'air, qui plaque la feuille par dépression autour de la règle et empêche l'air de s'introduire : la règle reste « collée » à la table.

Le serpentin

Il existe dans l'atmosphère de nombreux mouvements d'air comme les courants d'air chaud ascendants. Les planeurs et les oiseaux peuvent les utiliser et ainsi planer dans les airs au plus loin. Ces mouvements d'air chaud ne sont pas visibles et c'est à l'aide d'un serpentin en papier que vous allez les révéler.

Matériel

- ✓ Une feuille de papier
- ✓ Un crayon
- ✓ Une paire de ciseaux
- ✓ De la ficelle
- ✓ Une aiguille

2

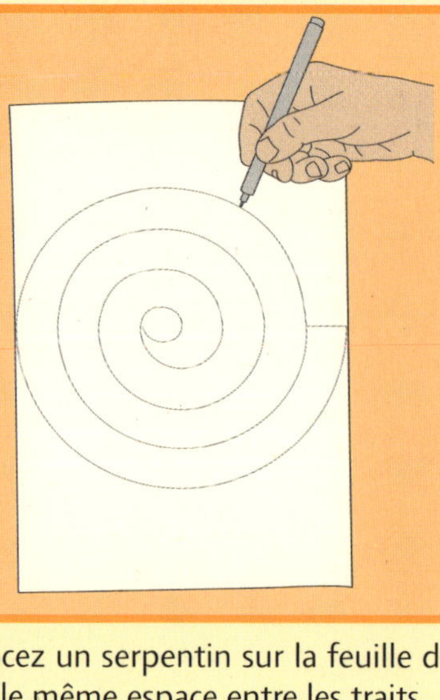

À l'aide de votre crayon, tracez un serpentin sur la feuille de papier. Soyez le plus régulier possible en gardant le même espace entre les traits.

Étape délicate : découpez le serpentin à l'aide des ciseaux de l'extérieur vers le centre de la feuille et déroulez-le afin qu'il forme une jolie spirale.

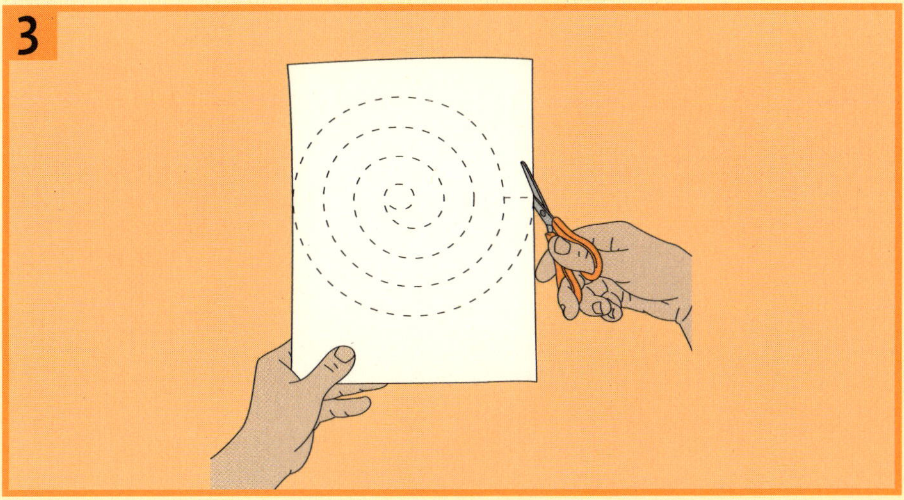

Faites un trou à l'extrémité du serpentin, celle qui se trouvait au centre de la feuille. Puis passez une extrémité de la ficelle et faites un nœud.

À savoir

La montgolfière existe depuis le XVIIIe siècle et, à cette époque, elle était le seul véritable appareil volant. Son principe de fonctionnement est très simple : un brûleur permet de chauffer l'air du ballon par une ouverture. L'air chaud ayant un mouvement ascendant, le ballon s'élève.

5

Tenez votre serpentin par l'autre extrémité de la ficelle et approchez la spirale d'une source de chaleur, comme un radiateur ou une casserole d'eau chaude.

Résultat

Le serpentin se met à tourner autour de son axe. Ce sont les mouvements de l'air chaud qui provoquent cette rotation. L'air chaud dégagé par le radiateur est plus léger que l'air froid et, en montant, s'introduit à l'intérieur du serpentin, créant une force qui s'applique sur la spirale. La forme particulière de cette dernière induit une rotation. Un peu comme les pales d'une éolienne.

6

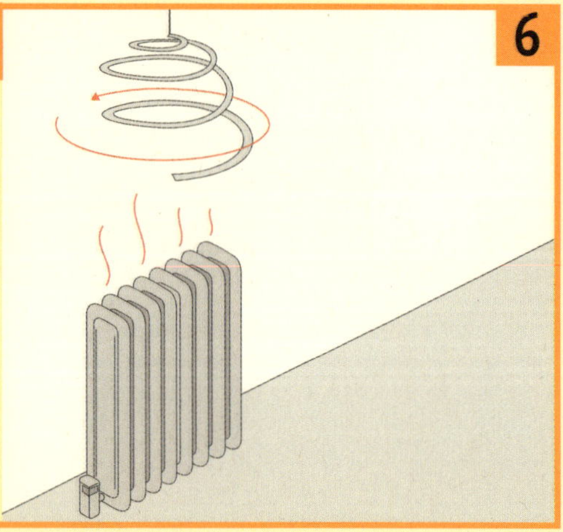

Rouleau sous pression

L'air a de nombreuses propriétés : il est inodore, incolore, translucide et c'est un comburant, il permet la combustion. Mais l'air est également impalpable, compressible, informe et sans frontière. Isolant thermique et électrique, il constitue l'atmosphère et est vital. Sans lui, la vie sur Terre ne serait pas possible.

Matériel

- ✓ Un tube en carton de papier essuie-tout
- ✓ 2 ballons de baudruche
- ✓ Une paire de ciseaux

2

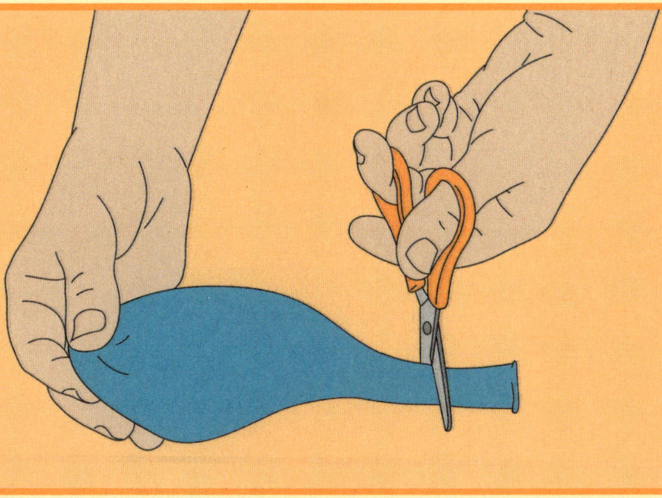

Prenez votre paire de ciseaux et découpez la queue des ballons de baudruche. Cette opération permettra d'écarter facilement la membrane en caoutchouc.

Prenez le tube en carton du rouleau de papier essuie-tout et mettez la membrane d'un ballon sur une extrémité.

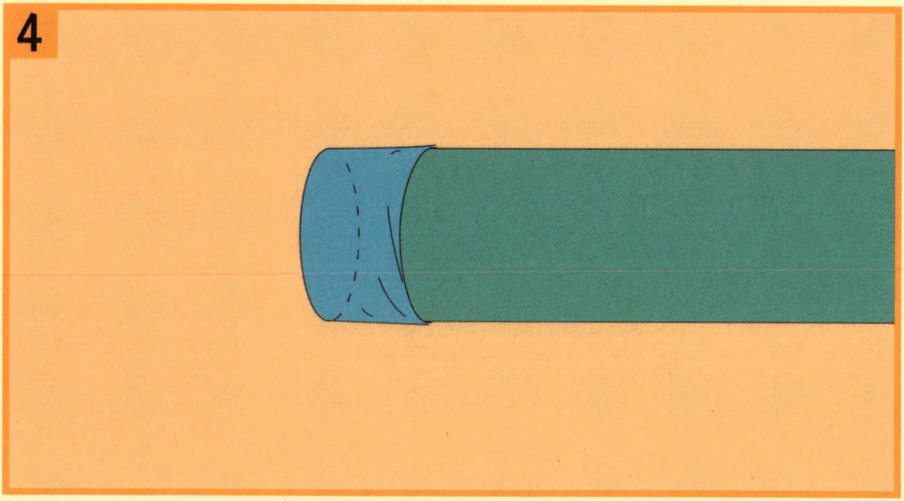

Placez la seconde membrane du ballon sur l'autre extrémité du rouleau en carton. Il est indispensable que les membranes soient tendues et étanches.

À savoir

Dans un milieu compressible comme l'air, le son se propage sous forme de variation de pression. Un haut-parleur, par exemple, utilise ce mécanisme. Le son se propage aussi dans les solides et les liquides. La vitesse du son dans l'air est approximativement de 340 m/s, mais à plus de 1 450 m/s dans l'eau !

5

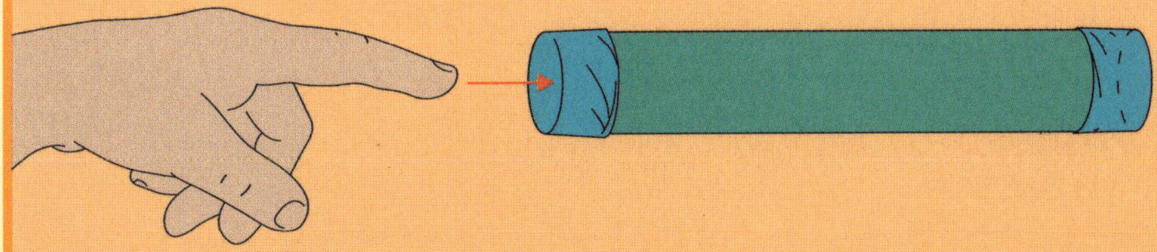

Tenez le tube en carton d'une main en son milieu et effectuez une pression avec votre index sur une des deux membranes. Observez bien l'autre membrane !

Résultat

En même temps que vous pressez sur la membrane avec votre index, la seconde se gonfle vers l'extérieur. L'air est compressible et lorsque l'on réduit le volume d'un endroit hermétique contenant de l'air (ici c'est le tube en carton), la pression à l'intérieur de cet endroit augmente. Ici, lorsque l'on pousse sur la première membrane, cela fait pression sur la seconde membrane.

6

Entre solide et liquide

Est-il possible de marcher sur l'eau ? Vous, sûrement pas, mais certains insectes, en courant sur l'eau, restent à la surface sans couler. C'est la rapidité avec laquelle ils frappent l'eau qui leur permet de se maintenir en surface. Voulez-vous créer un liquide ayant la propriété de se solidifier à souhait ?

Matériel

- ✓ 300 g de Maïzena
- ✓ 20 cl d'eau
- ✓ Une fourchette
- ✓ Une assiette à soupe
- ✓ Un verre doseur

2

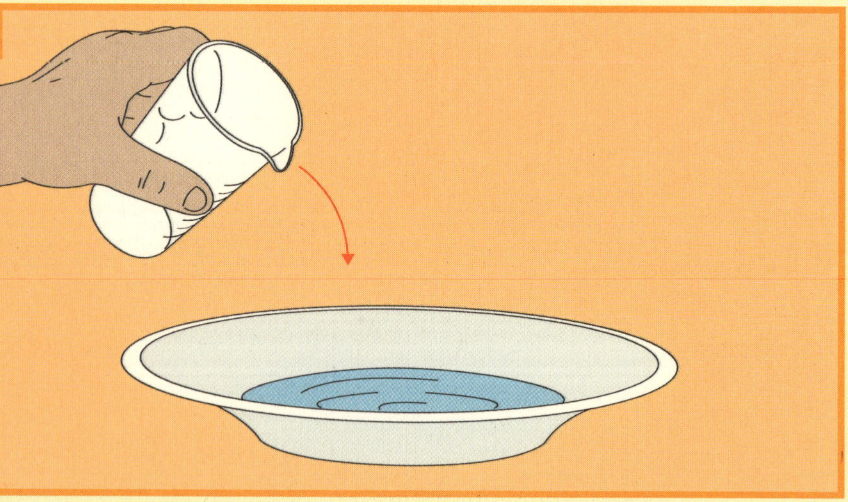

Versez dans l'assiette 20 cl d'eau. Cette quantité d'eau permet d'avoir un niveau de liquide de 2 cm. Si l'assiette est trop petite, réduisez les quantités.

Tout en délayant avec la fourchette, incorporez les 300 g de Maïzena. Le mélange est très visqueux, prenez bien le temps d'homogénéiser le tout.

Approchez doucement l'index de la surface de votre mélange et plongez-le. Vous pouvez l'enfoncer sans mal comme dans de l'eau, rien d'anormal donc…

À savoir

Le mélange de Maïzena et d'eau protège des chocs et, surtout, les absorbe complètement. En effet, lorsque vous frappez le mélange, vous ne ressentez ni les chocs ni la pression due au durcissement. Ce liquide pourrait être utilisé pour réaliser des protections : l'humain ne ressentirait aucun choc.

5

Maintenant, frappez la surface avec le doigt. Si vous êtes courageux, frappez avec votre poing, il n'y a pas de risques. Vous allez être très surpris !

Résultat

Vous n'arrivez pas à passer à travers ! L'eau et la Maïzena forment un mélange particulier. En effet, l'eau s'intercale entre les minuscules grains et le mélange est liquide. Puis lorsque vous frappez, l'eau est chassée d'entre les grains, ils ne peuvent plus facilement se déplacer, alors la matière paraît solide. Un peu comme si vous marchiez sur le sable mouillé.

6

La fusée à eau

Le principe de la fusée à eau est ancien, c'est un objet volant propulsé par réaction en utilisant de l'eau et de l'air sous pression. Ces fusées mettent en jeu une importante quantité d'énergie et peuvent décoller à plusieurs dizaines de mètres. Par conséquent, la prudence et une distance de sécurité sont recommandées.

Matériel

- ✓ Une bouteille en plastique
- ✓ De l'eau
- ✓ Un bouchon en liège
- ✓ Une aiguille à gonfler les ballons
- ✓ Une pompe à pied
- ✓ 3 grosses pierres

2

Mettez un demi-litre d'eau dans la bouteille et essayez de la fermer avec le bouchon. Le diamètre du bouchon est important, il doit assurer l'étanchéité.

Retirez le bouchon et transpercez-le avec l'aiguille. Elle doit ressortir de l'autre côté. Coupez-le en deux si nécessaire. Puis replacez-le dans le goulot.

Reliez la pompe à pied à l'aiguille. Votre fusée est presque prête, il ne vous reste plus qu'à réaliser une rampe de lancement à l'aide des grosses pierres.

À savoir

Vous avez fabriqué une fusée à eau assez simple qui décolle au mieux à 15 m. Sachez que ces engins peuvent dépasser les 400 km/h et les 100 m d'altitude, mais leur lancement nécessite une base de lancement et des préparatifs spéciaux. La prudence est de mise lors du décollage de ces engins.

5

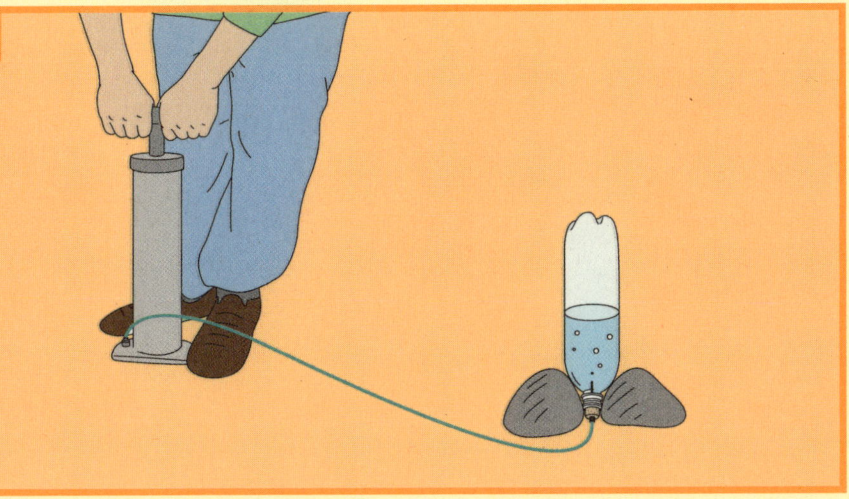

Positionnez votre bouteille sur les pierres, à la verticale et le bouchon vers le bas. Pompez plusieurs fois à la pompe à vélo. Que tout le monde s'éloigne !

Résultat

La fusée décolle à 10 m ! Cela dépend de la quantité d'eau et du nombre de fois que vous avez pompé. Vous avez vérifié la troisième loi de Newton, qui repose sur le principe d'action et réaction : lorsque la pression à l'intérieur de la bouteille est trop importante, le bouchon saute et l'eau s'échappe à une certaine vitesse, entraînant le décollage de la fusée.

6

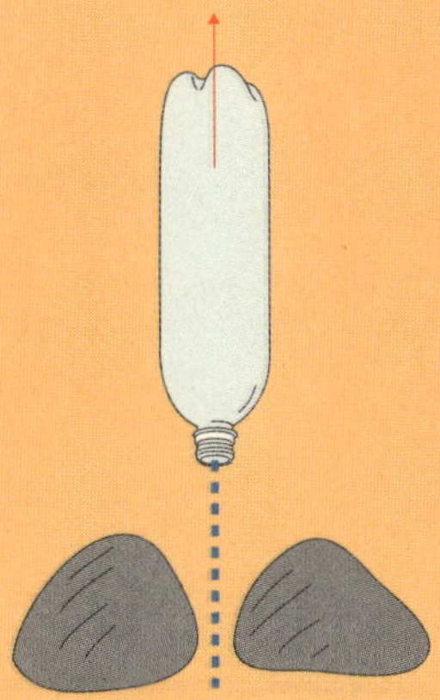

Le disque de Newton

Isaac Newton, né en 1643, était mathématicien, physicien, philosophe, alchimiste et astronome. Cette figure emblématique de la science a développé une théorie de la couleur et démontré, à l'aide d'un disque, que la lumière blanche était une combinaison des couleurs de l'arc-en-ciel. Voici comment fabriquer un tel disque.

Matériel

- ✓ Une feuille de papier
- ✓ Une punaise de bureau
- ✓ Un crayon à papier avec sa gomme
- ✓ Des crayons de toutes les couleurs
- ✓ Un compas
- ✓ Une paire de ciseaux

2

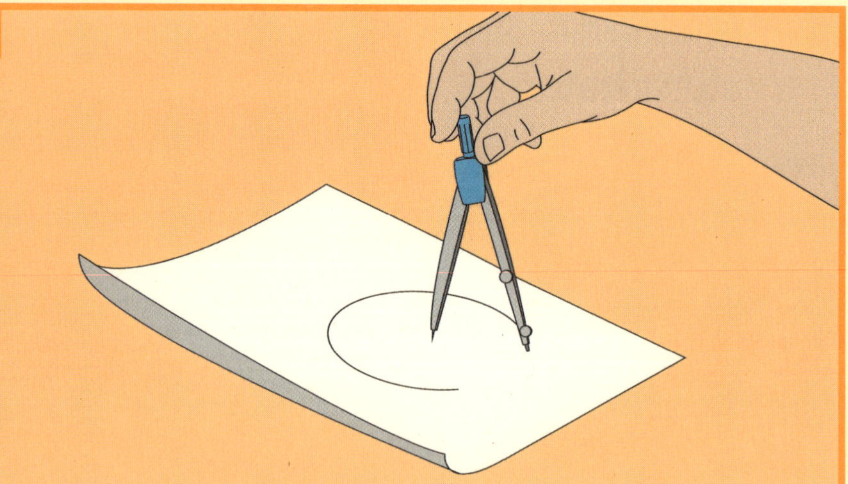

Construire un cercle 10 cm de diamètre à l'aide du compas. Prenez un écartement de 9 cm et partagez votre cercle en sept arcs pour obtenir sept secteurs angulaires.

Vous avez partagé votre disque en sept secteurs de même aire. Colorez-les dans l'ordre avec ces couleurs : rouge, orange, jaune, vert, bleu, indigo, violet.

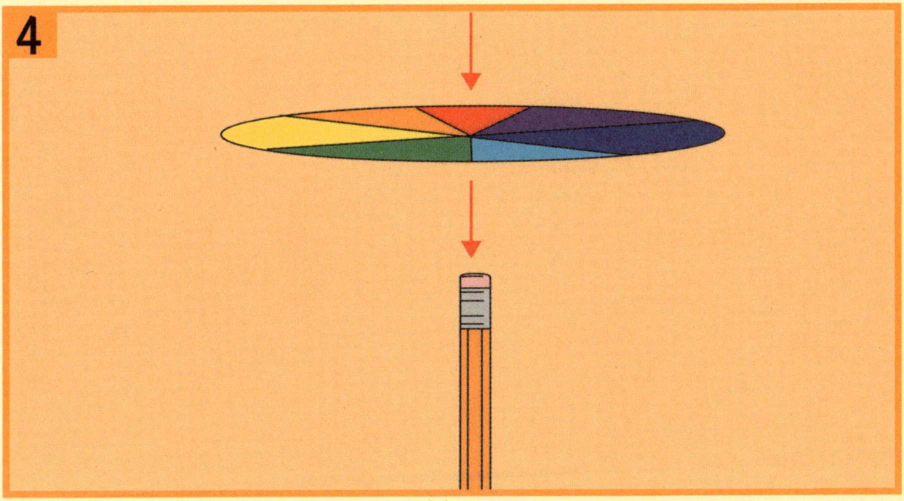

Découpez votre disque aux couleurs de l'arc-en-ciel et transpercez-le en son centre avec la punaise, tout en plantant celle-ci dans la gomme du crayon.

À savoir

La persistance rétinienne est une illusion d'optique pour l'homme. Le cinéma en est une application très connue. Les films sont constitués par une suite d'images projetées tous les 1/24 de seconde, ainsi l'œil ne peut pas distinguer chaque image et vous avez l'impression d'un mouvement continu.

5

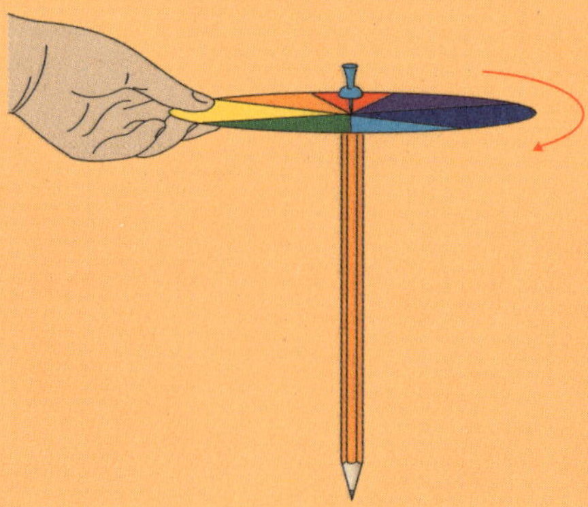

Faites tourner le crayon le plus rapidement possible en le faisant rouler entre les paumes de vos mains. Fixez la surface du disque et observez.

Résultat

Les couleurs semblent disparaître en laissant apparaître la couleur blanche. La persistance rétinienne explique ce phénomène. En effet, l'œil ne peut percevoir des mouvements trop rapides et, comme le disque tourne rapidement, il superpose toutes les couleurs. Or, le mélange de toutes ces couleurs donne le blanc. Votre œil – et donc votre cerveau – est trompé et voit du blanc.

6

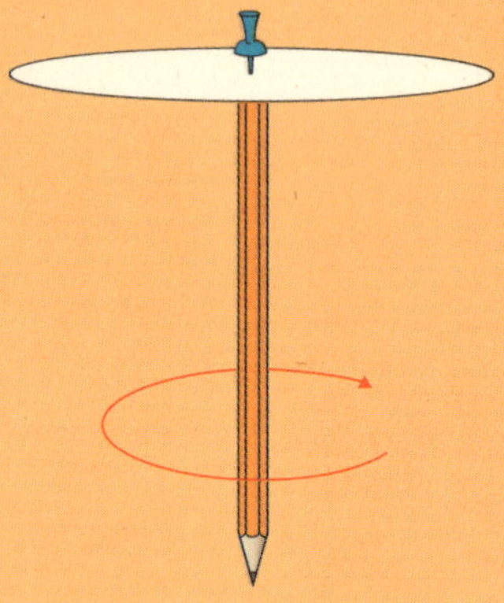

La percée de la patate

Il est impossible de traverser un mur avec une plume, de découper du métal avec un couteau en plastique ou de vider la Garonne à la petite cuillère ! Par contre, vous pouvez sans difficulté éplucher ou découper une pomme de terre avec un couteau. Mais arriveriez-vous à la traverser avec une paille ? Et si vous essayiez…

Matériel

- ✓ **Une pomme de terre crue**
- ✓ **Deux pailles solides**

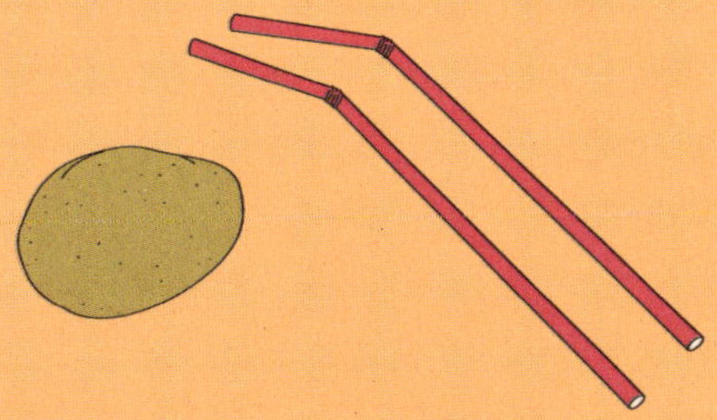

2

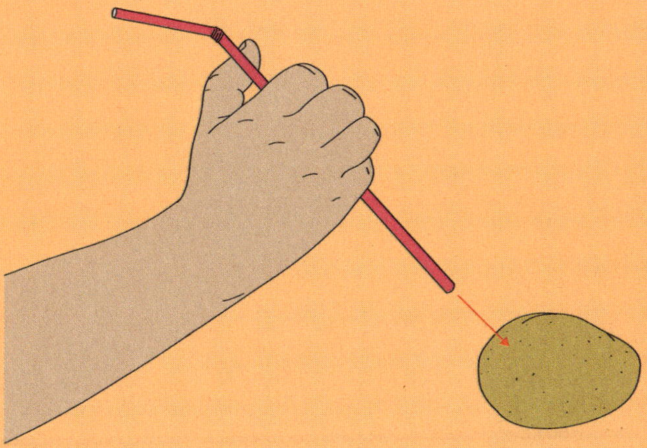

Tenez la pomme de terre d'une main et de l'autre la paille sans la compresser de trop. Essayez de transpercer la pomme de terre, faites de votre mieux…

Sauf si vous avez utilisé une paille en métal, votre paille va casser. En effet, le plastique offre peu de résistance et se plie à la moindre contrainte.

3

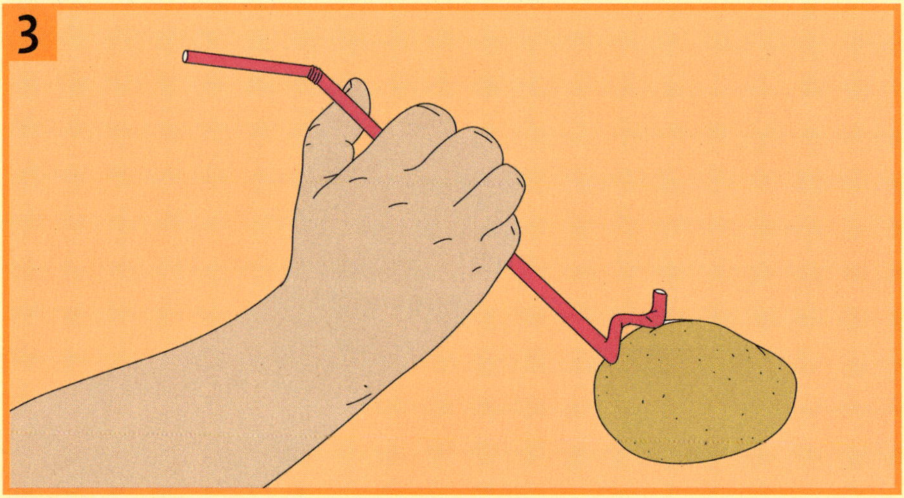

4

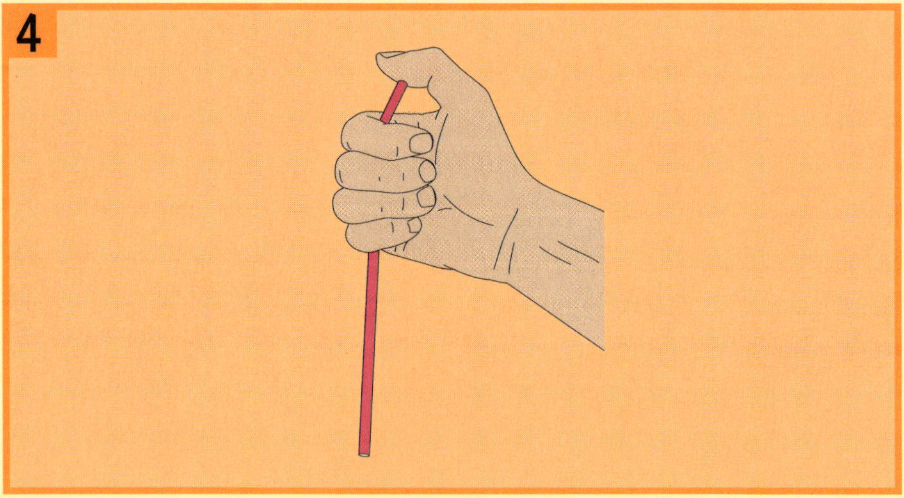

La paille pliée étant inutilisable, prenez la seconde paille et, tout en la tenant, bouchez une extrémité avec votre pouce. Il s'agit ici d'assurer l'étanchéité.

À savoir

La rigidité d'un matériau décrit le degré de déformation suivant certaines contraintes. Un grand nombre de structures ou d'objets doivent être conçus de sorte que leur fléchissement sous une charge soit maîtrisé. Exemples : les ponts, le cadre d'un vélo tout terrain ou les ailes d'un avion.

5

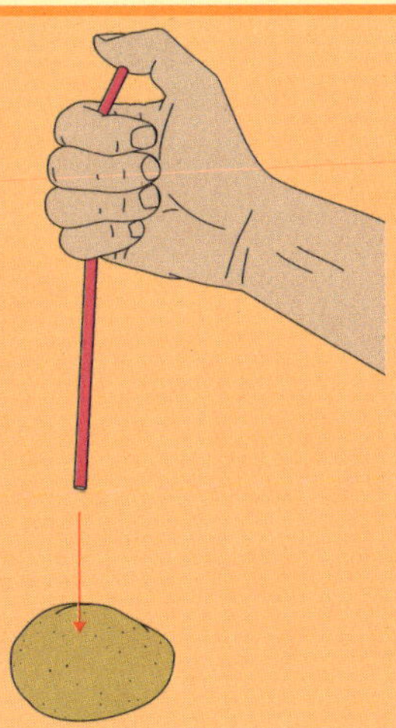

Reprenez la pomme de terre d'une main, tenez-la à l'aide du pouce et de l'index de sorte qu'il y ait de l'espace en dessous, et frappez-la verticalement.

Résultat

La paille ne plie pas. Au contraire, elle transperce la pomme de terre facilement. Pourquoi ? Vous avez rigidifié la paille en plaçant votre pouce sur l'extrémité. Lorsque vous traversez la pomme de terre, les deux ouvertures de la paille étant bouchées, l'air ne peut pas s'échapper, donc la pression de l'air à l'intérieur s'accroît et rend la paille rigide.

6

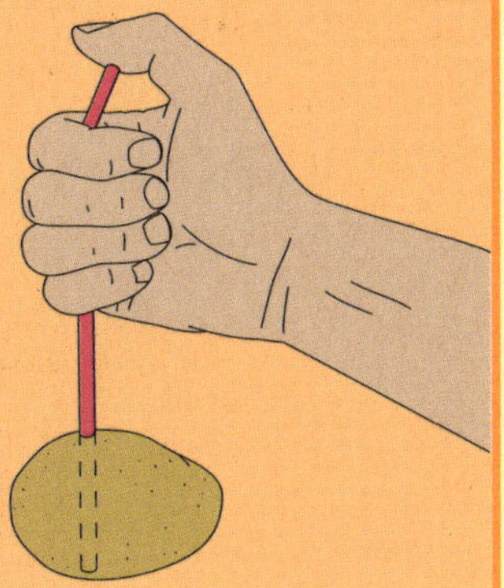

La tarte à l'éclair

Au cours d'un orage, lorsque vous voyez un éclair, une grande quantité de charges passe d'un nuage à la terre. En effet, par temps orageux, le sol se charge positivement pendant que les nuages accumulent des charges négatives. Ces charges s'attirent et augmentent, alors une décharge électrique se produit : la foudre !

À FAIRE AVEC UN ADULTE

Matériel

- ✓ Un grand plat à tarte en métal
- ✓ Une pince à linge en bois
- ✓ Une clé
- ✓ Un chiffon bien sec

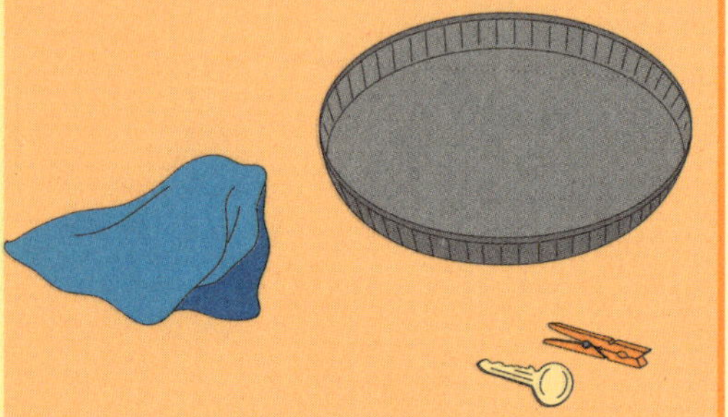

2

Réalisez cette expérience par temps sec, votre plat à tarte ne doit avoir aucune trace d'humidité. Vous devez aussi vous placer dans une pièce sombre.

Accrochez une pince à linge sur le rebord du plat à tarte. Tenez le plat seulement à l'aide de la pince, vos doigts sont uniquement en contact avec le bois.

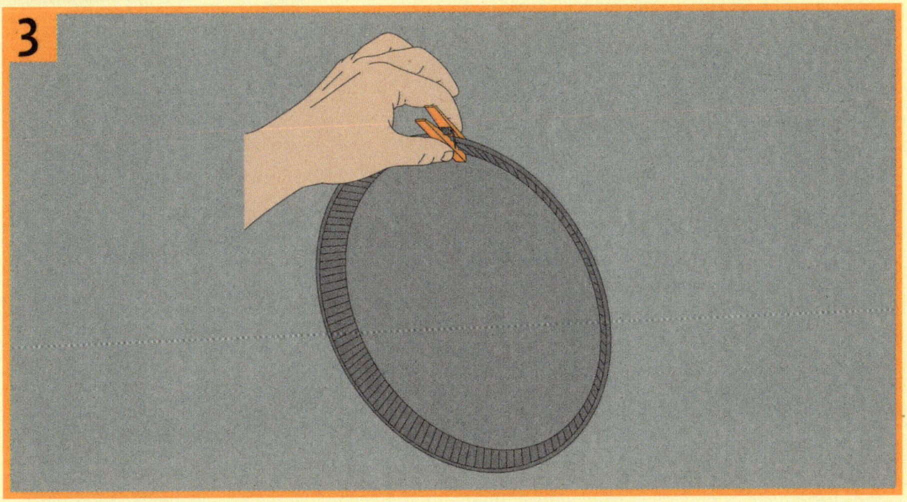

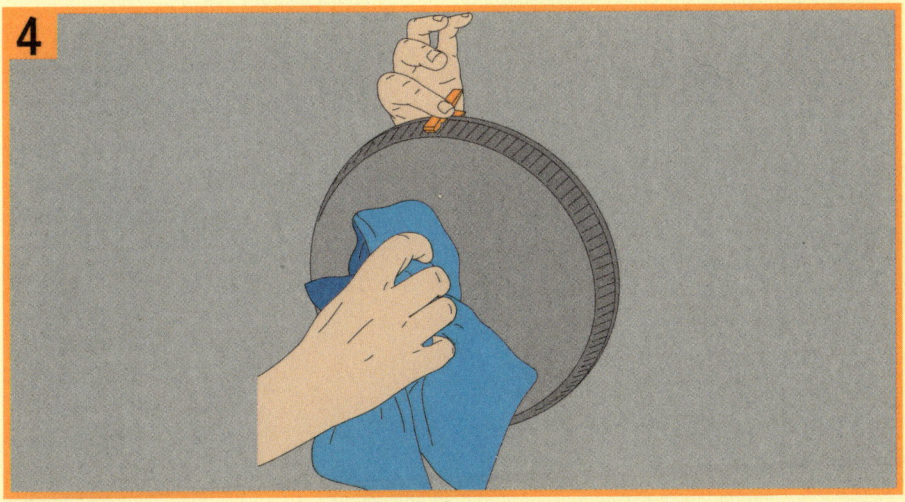

Tout en tenant le plat verticalement, frottez-le avec le chiffon sec. Faites attention que le plat ne soit pas en contact avec vos mains pendant l'expérience.

À savoir

La cage de Faraday est une enceinte métallique qui permet d'isoler une portion d'espace des champs électriques extérieurs. Une voiture à carrosserie métallique est une cage de Faraday qui protège ses passagers contre les dangers d'électrocution ou de la foudre. Vous êtes protégé par temps orageux !

5

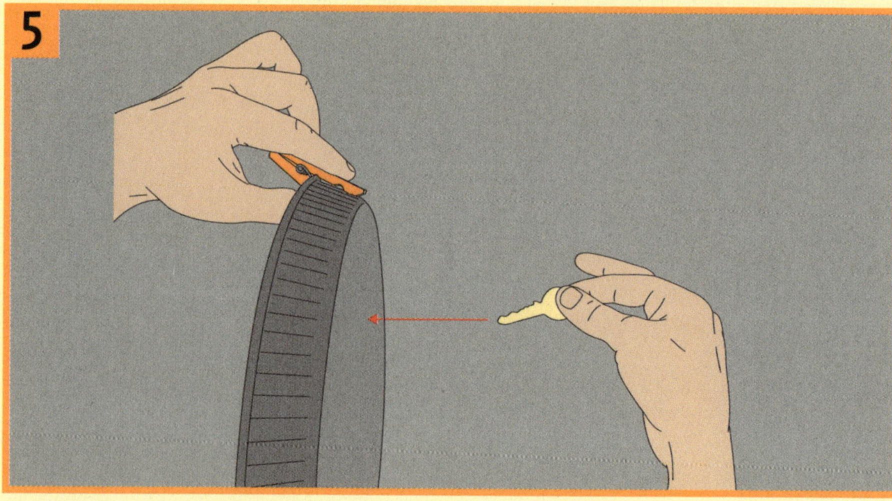

À l'aide de l'autre main, approchez la clé du plat. Observez bien, le phénomène sera d'autant plus visible si vous vous trouvez dans une pièce sombre.

Résultat

Vous voyez la foudre ! Ou plutôt une petite décharge électrique. Vous avez chargé le plat en le frottant avec le chiffon, et lorsque vous approchez la clé du plat, le plat se décharge. Les charges vont passer du plat à la clé et lors de ce passage, vous observez une étincelle. La réussite de cette expérience relève d'un temps sec et de la quasi-obscurité.

6

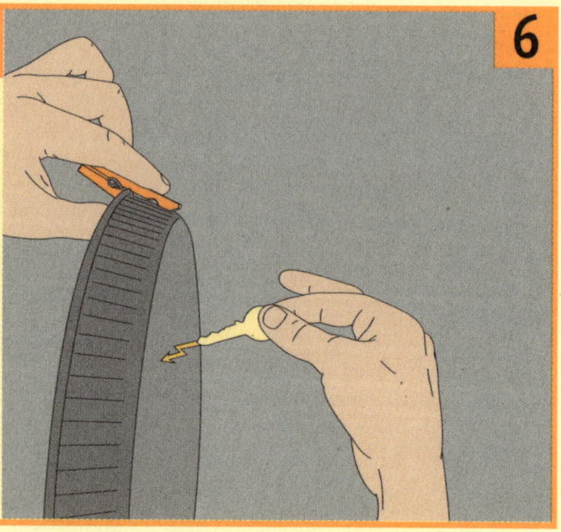

L'électroscope

L'électroscope est un détecteur de charge électrique inventé au XVIIIe siècle. Il est utilisé pour mettre en évidence des charges électrique et est basé sur la répulsion des charges de même signe. Cette nouvelle expérience d'électrostatique, qui peut être réalisée par des enfants, ne sera concluante que par temps sec.

Matériel

- ✓ Un bocal en verre
- ✓ Du fil en cuivre
- ✓ Du papier aluminium
- ✓ Une règle en plastique

2

Dénudez le fil de cuivre, enroulez-le sur la bague (c'est la partie où se trouve le filetage) et laissez pendre une longueur de fil à l'intérieur.

Ressortez le fil ainsi modelé et faites un crochet à l'autre extrémité. Découpez une bande d'aluminium puis placez-la à cheval sur le crochet.

3

4

Replacez le fil et la bande d'aluminium à l'intérieur du bocal. Entourez le goulot de papier aluminium de sorte qu'il touche bien le fil de cuivre.

À savoir

Dans l'Antiquité, les Grecs avaient constaté que lorsque l'on frottait de l'ambre, une sorte de résine de conifère, celui-ci avait la propriété d'attirer des corps très légers. C'est l'électrisation. Elle a été étudiée au XVIIe siècle et faisait partie des distractions spectaculaires des aristocrates.

5

Frottez énergiquement la règle en plastique sur un vêtement bien sec. Approchez la règle du papier aluminium, sans nécessairement le toucher.

Résultat

Les deux lamelles d'aluminium s'écartent de quelques millimètres ! Que s'est-il passé ? La règle s'est chargée électriquement après avoir été frottée, et lorsqu'on l'approche du goulot, l'aluminium se trouvant sur le bocal se charge par influence de même que les lamelles sur le crochet. Ainsi les lamelles d'aluminium possédant des charges de même signe se repoussent.

6

Le tourniquet

Si vous ouvrez le robinet libérant l'eau dans le tuyau d'arrosage, et s'il vous arrive de le lâcher, il va serpenter sur le parterre de votre terrasse et provoquer pas mal de dégâts. Ce phénomène bien apprivoisé peut devenir un moyen de propulsion. Vous allez réaliser un tourniquet grâce à cette originalité.

Matériel

- ✓ Une bouteille en plastique vide
- ✓ De la colle
- ✓ 2 pailles coudées
- ✓ De la ficelle
- ✓ De l'eau
- ✓ Une paire de ciseaux

2

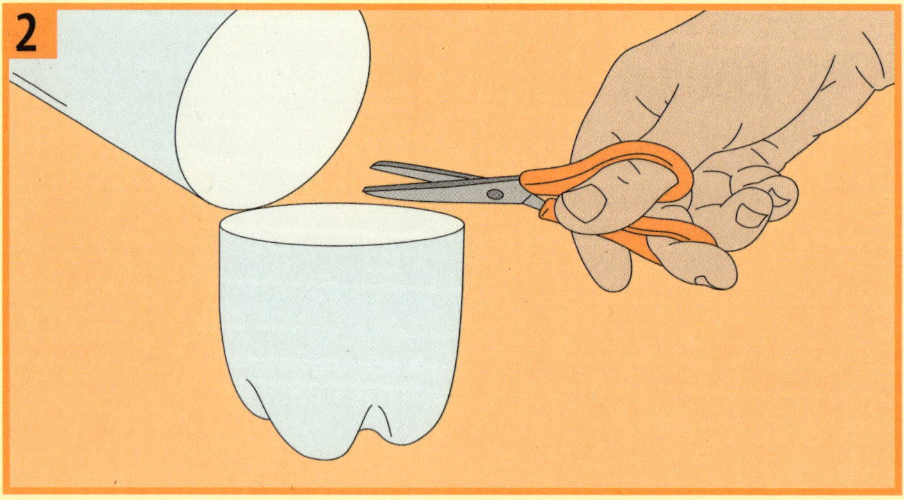

Découpez la bouteille en plastique en son milieu et ne conservez que la base. Elle va être utilisée comme réservoir de propulsion de votre tourniquet.

Avec vos ciseaux, faites deux trous diamétralement opposés pour y passer la ficelle et deux autres trous, le plus bas possible, pour fixer les pailles.

3

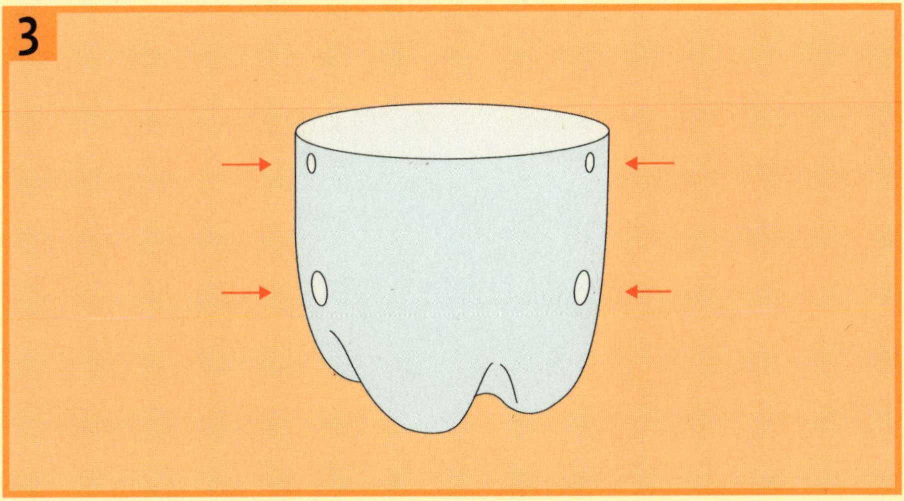

4

Introduire les pailles dans les deux trous du bas et mettez suffisamment de colle afin d'assurer l'étanchéité. Passez la ficelle dans les deux autres trous.

À savoir

Le moteur d'une fusée est capable de créer sa force de propulsion aussi bien sur Terre que dans l'espace. Son fonctionnement repose sur le principe d'action et réaction, découvert par Newton au XVIIe siècle. La fusée éjecte des gaz vers le bas et, par réaction, est propulsée dans le sens opposé.

5

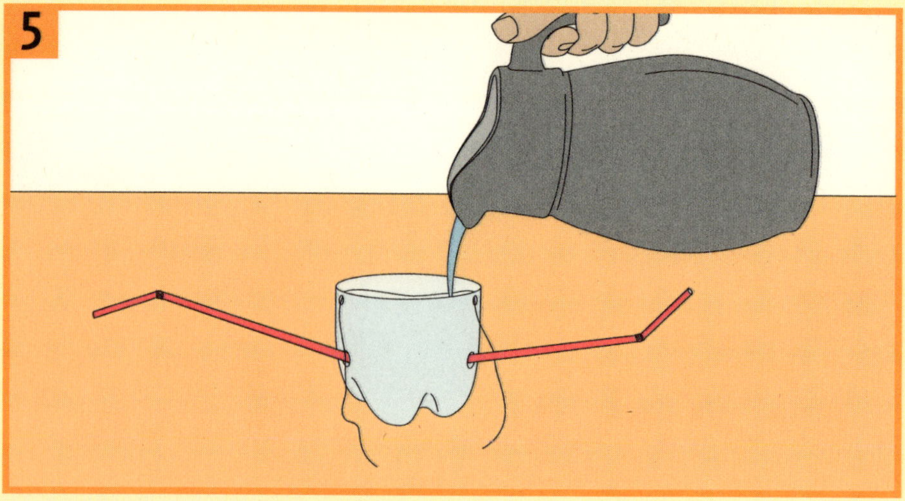

Tenez l'ensemble par la ficelle et assurez-vous que les pailles sont coudées. Placez-vous au-dessus d'une baignoire et remplissez le dispositif d'eau.

Résultat

6

L'ensemble se met à tourner dès que l'eau est éjectée par les pailles. Quand l'eau passe par les pailles, et d'après le principe d'action et de réaction, une force est alors exercée sur la bouteille qui se met en rotation. Vous pouvez ajouter des pailles, les couder différemment ou mettre plus d'eau, ainsi vous obtiendrez une plus grande fréquence de rotation.

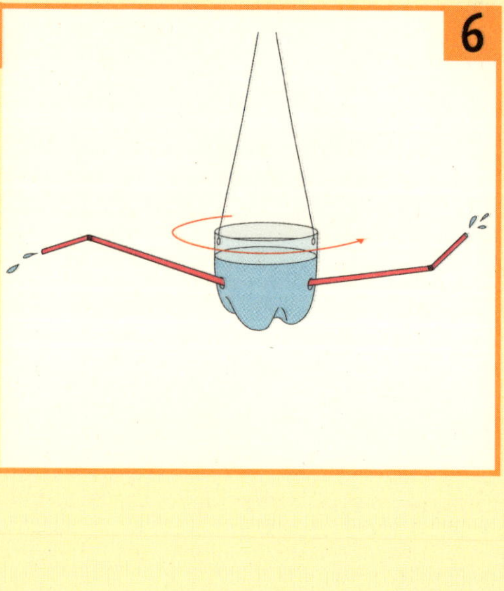

L'encre invisible

Communiquer des informations et en obtenir sont les deux compétences les plus importantes dans le domaine de l'espionnage. Vous pouvez coder ou dissimuler un message et même les deux. Dans cette expérience, vous allez apprendre à dissimuler un message avec une recette simple pour produire de l'encre invisible.

Matériel

- ✓ Un verre
- ✓ Un pinceau fin
- ✓ Une feuille de papier blanc
- ✓ Une bougie
- ✓ Des allumettes
- ✓ Un citron

2

Si vous avez un presse-agrume, alors c'est parfait. Sinon, coupez votre citron en deux et pressez-le à la main. Récupérez le jus de citron dans le verre.

Prenez en main le pinceau fin et trempez-le dans le jus de citron. C'est en effet le jus de citron qui va être votre outil pour écrire le message secret.

Vous pouvez commencer à écrire votre message secret sur la feuille blanche. Puis laissez sécher quelques minutes, le message est devenu invisible.

À savoir

Il existe d'autres encres apparaissant avec la chaleur d'une flamme : le jus de cerise donnera une couleur verdâtre et celui d'oignon une couleur noirâtre. Il est possible de nos jours d'imprimer en infrarouge ou en ultraviolet : le destinataire pourra lire le message avec l'aide d'une lampe spéciale.

5

Allumer la bougie à l'aide des allumettes puis faites chauffer la feuille quelques secondes au-dessus de la flamme. La présence d'un adulte est nécessaire.

Résultat

Votre message apparaît ! Pourquoi ? C'est très simple : en écrivant votre message secret, vous avez laissé des petits cristaux de sucre, invisibles à l'œil nu. L'eau, quant à elle, s'évapore en quelques minutes. Puis, le sucre chauffé va devenir brun et le texte secret va apparaître. Attention : ne restez pas trop longtemps au-dessus de la flamme ou le papier brûlera !

6

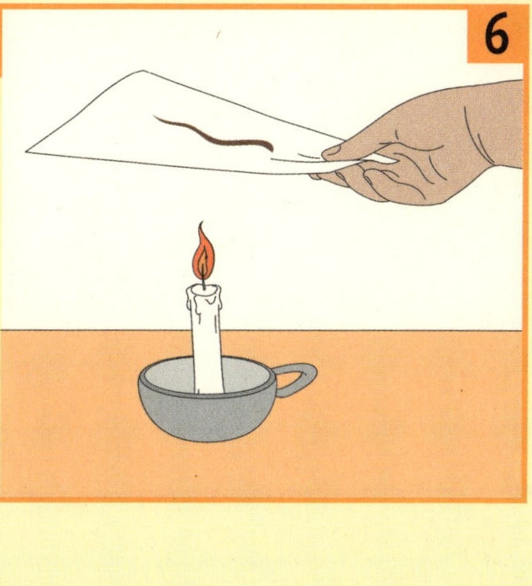

EDITIONS ESI

100, rue Petit, 75019 Paris
Auteur : Fabien Mieturka
Visuels : Lenivitz Production/Irina Sarnavska
Imprimé par FINIDR en République tchèque à CESKY TESIN
Dépôt légal : octobre 2015 – Achevé d'imprimer : septembre 2015
ISBN : 978-2-8226-0464-2

À savoir

Il existe d'autres encres apparaissant avec la chaleur d'une flamme : le jus de cerise donnera une couleur verdâtre et celui d'oignon une couleur noirâtre. Il est possible de nos jours d'imprimer en infrarouge ou en ultraviolet : le destinataire pourra lire le message avec l'aide d'une lampe spéciale.

5

Allumer la bougie à l'aide des allumettes puis faites chauffer la feuille quelques secondes au-dessus de la flamme. La présence d'un adulte est nécessaire.

Résultat

Votre message apparaît ! Pourquoi ? C'est très simple : en écrivant votre message secret, vous avez laissé des petits cristaux de sucre, invisibles à l'œil nu. L'eau, quant à elle, s'évapore en quelques minutes. Puis, le sucre chauffé va devenir brun et le texte secret va apparaître. Attention : ne restez pas trop longtemps au-dessus de la flamme ou le papier brûlera !

6

EDITIONS ESI
100, rue Petit, 75019 Paris
Auteur : Fabien Mieturka
Visuels : Lenivitz Production/Irina Sarnavska
Imprimé par FINIDR en République tchèque à CESKY TESIN
Dépôt légal : octobre 2015 – Achevé d'imprimer : septembre 2015
ISBN : 978-2-8226-0464-2